EVA-MARIA BAST | MIRJAM BÄCHTOLD | MARKUS WIGERT

St. Galler Geheimnisse

SPANNENDES AUS DEM KULTURZENTRUM DER OSTSCHWEIZ
MIT KENNERN DER STADTGESCHICHTE

TAGBLATT

Bast, Eva-Maria; Bächtold, Mirjam;Wigert, Markus
St.Galler Geheimnisse – Spannendes aus dem Kulturzentrum der Ostschweiz – mit Kennern der Stadtgeschichte

St. Galler Tagblatt in Kooperation mit:
Bast Medien GmbH, St. Ulrich-Str. 11, 88662 Überlingen
(verantwortlich)
1. Auflage 2019
ISBN: 978-3-946581-69-7

Herausgeberin: Eva-Maria Bast
Lektorat: Manuela Klaas
Bildredaktion: Melanie Kunze
Covergestaltung: Jarina Binnig, Cornelia Müller, Melanie Kunze
Layout: Homebase – Kommunikation & Design, Jarina Binnig
Grafik: Maps4News & HERE (Karte)
Satz: Melanie Kunze
Druck: Mohn Media Mohndruck GmbH, Gütersloh

Ein Titel der preisgekrönten Reihe *Geheimnisse der Heimat*

Inhalt

Vorwort

Gibt es in Zeiten von Wikipedia und Google überhaupt noch Geheimnisse über Städte wie St. Gallen? Ja, es gibt sie. Und wer sie kennenlernen will, dem sei das Buch *St. Galler Geheimnisse* von Eva-Maria Bast, Mirjam Bächtold und Markus Wigert herzlich empfohlen. Kenntnis- und anekdotenreich nähern sich die zwei Autorinnen und der Autor in 50 knackig erzählten Geschichten den bekannten und weniger bekannten Orten der Ostschweizer Metropole an. Die Leserschaft wird dabei förmlich an die Hand genommen. Nie fühlt man sich trotz faktenreicher historischer Einordnungen alleine oder überfordert. Die Lektüre ist nicht nur bekömmlich, sie ist vor allem kurzweilig und informativ: Selbst Ur-St. Galler, die alles über ihre Stadt zu wissen glauben, können noch etwas dazulernen.

Wer hat zum Beispiel gewusst, dass Ernst Buob, ein Erbauer der Ganggelibrogg, beim Bau derselben 36 Meter in die Tiefe gestürzt ist – und nur dank einer Tanne den Sturz überlebt hat?

Herrlich, wie die Autoren nicht nur das Augenfällige, bereits Bekannte, Populäre an St. Gallen beschreiben, wie die Kathedrale, den Broderbrunnen oder die Dreiweiern. Nein, sie geben sich auf ihrer Reise durch die Stadt alle Mühe, Juwelen auszugraben. Sie stossen dabei auf Trouvaillen, die sie mit viel Liebe zum Detail erklären, ohne dabei je belehrend zu wirken. So erfährt der Leser, was es mit der Freiheitsstatue am Multertor auf sich hat oder warum das goldene Schäfli in der Metzgergasse nie gemetzget wurde. Sie führen uns an den „Ort der Ironie“ oder den „Ort der Angst“ und erklären, warum es auf dem Wenigerweier oberhalb St. Gallens ein Schleusenhäuschen braucht.

Das Buch nähert sich der Gallusstadt auf eine sympathische und lebendige Art. Wer diese Stadt und seine Bewohnerinnen und Bewohner gerne hat, kommt an der Lektüre der 50 St. Galler Geheimnisse kaum vorbei. Die Geschichten zeigen exemplarisch, warum die einstige Textilhochburg eine liebens- und lebenswerte Stadt ist, auch wenn sie nicht zu den grossen Touristenzentren der Schweiz zählt.

Am besten setzen Sie sich, liebe Leserinnen und Leser, auf ein Bänkli oben am Panoramaweg Dreilinden, schauen auf die Stadt hinunter und stöbern in den *St. Galler Geheimnissen*. Ob damit alle Geschichten dieser Stadt erzählt worden sind? Ich bin sicher, es gibt noch manche mehr. Und es entstehen ständig neue. Eine Stadt ohne Geheimnisse ist eine Stadt ohne Zauber.

Ich wünsche Ihnen viel Freude beim Lesen.

Stefan Schmid
Chefredaktor St. Galler Tagblatt

Die Autoren

Eva-Maria Bast, Jahrgang 1978, ist Geschäftsführerin der Bast Medien GmbH. Sie initiierte und schreibt die Buchreihe *Geheimnisse der Heimat*, die 2011 startete, rasch zu einem Bestseller wurde und 2019 in knapp 70 Bänden vorliegt. Bast wurde für ihre Arbeit mehrfach ausgezeichnet, unter anderem erhielt sie für die Geheimnisse den Deutschen Lokaljournalistenpreis der Konrad-Adenauer-Stiftung. Eva-Maria Bast ist Dozentin an der Hochschule der Medien in Stuttgart und lebt am Bodensee und in Würzburg.

Mirjam Bächtold, Jahrgang 1982, absolvierte ihre Ausbildung zur Journalistin an der Schweizer Medienschule (MAZ) in Luzern. Danach arbeitete sie für verschiedene Lokalzeitungen, unter anderem für das *St. Galler Tagblatt*. Der Lokaljournalismus ist für sie die spannendste Art der Berichterstattung, da sie für die Recherche gerne direkt vor Ort geht und den Kontakt zu den Protagonisten ihrer Geschichten schätzt. Für die *St. Galler Geheimnisse* hat sie ihren Wohnort noch besser kennengelernt als bisher.

Markus Wigert, Jahrgang 1954, ist pensionierter Oberstufenlehrer und arbeitet als freier Mitarbeiter bei der Kulturredaktion des *St. Galler Tagblatts*, dort *Focus* genannt. Als Mittel- und Oberstufenlehrer legte er grossen Wert auf die sprachliche Formulierung. Die Vorliebe des alteingesessenen Stadt-St. Gallers für gut formulierte Texte kommt auch im vorliegenden Buch zum Ausdruck. Markus Wigert ist verheiratet, hat zwei Kinder und lebt mit seiner Familie in St. Gallen.

Restaurant
ZEUGHAUS

Schiedmauer

Dem Abt platzte der Kragen

Stellen Sie sich einmal vor, Sie würden ein riesiges Fest für Familie und Freunde veranstalten: Alles ist vorbereitet – und dann bleiben die Gäste aus. Nicht, weil sie nicht kommen wollen, sondern weil sie nicht zu Ihrem Haus durchgelassen werden. Der Abt Otmar Kunz (1528-1577) hatte genau dieses Problem – und es hatte Folgen, die heute noch in St.Gallen sichtbar und der Grund sind, warum in der Zeughausgasse eine hohe Mauer steht. Der Archivleiter der Ortsbürgergemeinde, Dr. Stefan Sonderegger, kann sich dann und wann ein Kichern nicht verkneifen, wenn er davon erzählt. «Das ist wirklich eine amüsante Geschichte», sagt er.

Um sie zu verstehen, muss man wissen, dass das katholische Reichskloster St.Gallen von einer evangelischen Stadt umschlossen war und dass Stadt und Kloster in einem jahrhundertelangen Ablösungsprozess immer wieder aneinandergerieten. Denn die Stadt, die sich ursprünglich als Siedlung rund um das Kloster gebildet hatte, bekam im Laufe der Zeit immer mehr Rechte, was dazu führte, dass sie fortlaufend selbstbewusster wurde. «Im Jahr 1291 erhielt die Stadt vom Abt die erste Handfeste, also eine Urkunde, in der ihr Privilegien verliehen wurden und die den Bürgern ähnliche Rechte gab wie den Konstanzer Bürgern», fasst der Stadtarchivar die wechselvolle Geschichte zusammen. 1319 gründeten St.Gallen, Lindau und Überlingen einen Bund, der in den folgenden Jahrhunderten immer mehr erweitert und so etwas wie eine mittelalterliche Euregio wurde, wie es Sonderegger nennt. «Das führte auch zu einem grösseren Selbstverständnis, man gab sich Rechtsbeistand, unterstützte einander und wollte unabhängig sein.» Die politische Unabhängigkeit vom Kloster sollte aber noch bis in die 1450er-Jahre dauern, als die St.Galler der Eidgenossenschaft beitraten und sich damit aus dem Herrschaftskonglomerat des Klosters herauslösen konnten. «Sie mussten dem Kloster eine Ablöse zahlen», sagt Sonderegger. Mit der Reformation in den

Dr. Stefan Sonderegger findet die Geschichte um die Schiedmauer ausgesprochen unterhaltsam.

1520er-Jahren kam auch die konfessionelle und in den 1560er-Jahren die territoriale Loslösung. Und die hat eben damit zu tun, dass Abt Kunz seine Gäste nicht empfangen konnte: «In den 1560er-Jahren starb der damalige Abt Blarer, sein Nachfolger war Otmar Kunz und der wollte seine Amtseinsetzungsfeier begehen», erzählt Sonderegger die Geschichte weiter. Als geeigneten Tag hatte er sich den Gallustag, den 16. Oktober, ausgesucht. Doch an jenem Tag wurde in der evangelischen Stadt ebenfalls gefeiert: Es gab einen Jahrmarkt. Da sich das Kloster inmitten der reformierten Stadt befand, ohne direkte Verbindung zum Fürstenland, das wiederum die ganze Stadt umgab, hätten die Gäste des Abtes das evangelische Territorium durchschreiten müssen. «Das hat der Stadt aber nicht gepasst. Sie meinten, das Risiko von Übergriffen gerade an einem Jahrmarktstag wäre zu gross», sagt der Archivar. Das sei aber natürlich nur eine Ausrede gewesen. «Der wahre Grund waren die starken Spannungen zwischen dem katholischen Kloster und der evangelischen Stadt.» Jedenfalls schloss die Stadt am Tag der Amtseinsetzung die Tore und liess sie scharf bewachen. «Ausserdem verlangte sie schon am Vortag eine völlig unübliche Gebühr von allen Fremden, die in die Stadt wollten.» Allerdings schnitten sich die Städter auch ins eigene Fleisch: Der Jahrmarkt wurde aufgrund der heftigen Auseinandersetzungen abgesagt. Die Tore waren also fest verschlossen, Freunde und Familie konnten nicht kommen, um an der Amtseinsetzung teilzunehmen. «Und da platzte dem Abt der Kragen», sagt Sonderegger. «Er rief das Schiedsgericht der Eidgenossenschaft

Diese Mauer wurde aufgrund eines Streits gebaut.

an und verlangte, ein eigenes Tor in der Stadtmauer, an die das Kloster angrenzte und durch das er direkt auf sein Territorium gelangen könne. Dem Wunsch wurde stattgegeben, das war der Startschuss für das Karlstor (siehe Geheimnis 03). «Nun hatte der Abt also die Schlüsselgewalt zu einem eigenen Tor in sein Hoheitsgebiet», bringt es Sonderegger auf den Punkt. Das passte aber den Städtern nicht – denn jetzt konnten sie nicht mehr kontrollieren, wer in die Stadt gelangte. Sie sahen das als Sicherheitsrisiko und forderten eine Mauer zwischen der evangelischen Stadt und dem katholischen Kloster. Auch diesem Wunsch wurde entsprochen und eine zweite Stadtmauer in der Stadt hochgezogen. Zwei in sich abgeschlossene Rechtsbezirke waren nun baulich getrennt. Und von ebenjener Mauer, der Schiedmauer, ist heute noch ein Stück erhalten und in der Zeughausgasse zu bewundern.

«Nun hatte der Abt also die Schlüsselgewalt zu einem eigenen Tor in sein Hoheitsgebiet.»

Ach, übrigens: In der Achse zur Glockengasse gab es ein inneres Tor, zu dem zwei Menschen den Schlüssel hatten: Der Abt und der Bürgermeister. Ganz zugefallen war die Tür zwischen Stadt und Kloster also nicht.

Eva-Maria Bast

So geht's zur Schiedmauer:

Sie steht unübersehbar in der Zeughausgasse.

UBS

Freiheitsstatue

Spitze mit Weltruhm

Hat diese Figur sich die Kopfbedeckung der Freiheitsstatue ausgeliehen? Was macht die siebenstrahlige Krone des amerikanischen Wahrzeichens auf dem Kopf der steinernen St. Galler Schönheit? Eine Antwort auf diese Frage findet sich in der Geschichte des Hauses, an dem die Statue mit dem Strahlenkranz zu entdecken ist: Es handelt sich um die Geschäftsstelle der UBS am Multertor, die in den Jahren 1889 bis 1891 als Unionbank mit Stickereibörse errichtet wurde. Merkur ist hier, kurz unterhalb des Dachs, ganz eindeutig auszumachen und als Schutzpatron der Kaufleute und des Handels auch gut erklärbar. Die Figur mit dem Strahlenkranz sei eine der beiden Allegorien, die den Textilhandel mit den USA versinnbildliche, wie Nathalie Bodenmüller vom Historischen und Völkerkundemuseum schreibt. Amerika spielte gerade für den Handel mit Spitze aus St. Gallen eine grosse Rolle – und das ist gewissermassen bis in die Gegenwart so, trug doch Michelle Obama an der Inaugurationsfeier ihres Mannes nichts Geringeres als St. Galler Spitze.

«St. Gallen und die Spitze – das gehört einfach zusammen. Im Laufe des 18. Jahrhunderts wurde die Stickerei in der Stadt und dem Umland bedeutend», erklärt Barbara Karl, Direktorin des Textilmuseums St. Gallen. Als Josua Heilmann (1796-1848) in den Jahren 1828/29 die Handstickmaschine erfand, ging die Stickereibranche buchstäblich durch die Decke: In der zweiten Hälfte des 19. Jahrhunderts erfuhr die Stickereiindustrie in St. Gallen erneut einen enormen Aufschwung. Ab 1860 gierte die Welt nach St. Galler Spitze. Eric Häusler und Caspar Meili begründen das in ihrem Buch über die St. Galler Spitze so: «Der Amerikanische Bürgerkrieg war ein Ereignis von globaler Bedeutung. Sein Beginn 1861 und vor allem sein Ende im Jahr 1865 hatten direkte Folgen für viele der etwa 7000 Kilometer vom Kriegsgeschehen entfernt lebenden Arbeiterinnen und Arbeiter, Fabrikanten und Kaufleute in der Ostschweiz.» Sie zitieren das *Kaufmännische Direktorium*

Barbara Karl, Direktorin des Textilmuseums St. Gallen, weiß, was die Freiheitsstatue hoch oben am Gebäude mit der Textilgeschichte zu tun hat.

in St. Gallen, das berichtete: «Sofort nach der endlichen Niederwerfung des Südens begann Nordamerika auf unserem Markte wieder als Käufer aufzutreten, und zwar mit so gewaltigen Bestellungen, dass denselben mit Aufbietung aller Kräfte kaum nachgekommen werden konnte.» Besonders die «um 1750 eingeführte und seit etwa 1850 industrialisierte Stickerei» habe enorm profitiert. Die beiden Autoren zitieren auch den Appenzeller Fabrikanten Jakob Steiger, der fand, «die mechanische Feinstickerei» gleiche «heute den Goldfeldern Australiens und Kaliforniens».

Barbara Karl sagt: «Die St. Galler erkannten die Zeichen der Zeit, die Stadt wurde modern ausgebaut: 1886 eröffnete man das prunkvolle Gebäude, das das 1878 gegründete Textilmuseum (damals: Industrie- und Gewerbemuseum) beherbergte, es zählt zu den frühesten Museen der Schweiz, die Stickereibörse und weitere Gebäude sowie der Bahnhof folgten.» Bauern, Handwerker und Weber sattelten um, liessen sich eine Stickmaschine in ihren privaten Räumlichkeiten installieren und legten los. Viele gaben die Landwirtschaft nicht auf, sondern nutzten die kalten und nicht so arbeitsintensiven Monate, um sich dem neuen Erwerbszweig hinzugeben. Gestickt wurde vor allem zu Hause. Das bot zwar viele Freiheiten, brachte aber ebenso Nachteile mit sich: Häufig mussten auch Kinder und Alte Stunde um Stunde an den Stickmaschinen verbringen, und nicht selten führte das – selbst bei Erwachsenen in den besten Jahren – zu Krankheiten. Der Arbeitstag eines Stickers dauerte schnell mal zehn bis 14 Stunden, die Haltung war einseitig, was zur Überlastung der Muskulatur und zu Haltungsschäden führte. Auch Lungentuberkulose und Blutarmut konnten die Folgen sein. Dennoch brachte diese Form der Heimarbeit für viele Menschen Vorteile mit sich. Die Mütter konnten zu Hause bei ihren Kindern bleiben, von dort aus arbeiten und ihre Zeit frei einteilen. Und die Auftraggeber waren nicht gebunden, sondern hatten die Möglichkeit, die Dienste der Spitzenweber kurzfristig und nach Bedarf in Anspruch zu nehmen. Für die Arbeiter wiederum bedeutete das allerdings zu wenig Sicherheit: Waren keine Aufträge da, bekamen sie kein Geld und hatten kein Auskommen. Viele waren nicht zuletzt deshalb nur im Nebenerwerb als Sticker tätig. «Überallhin wurde die St. Galler Spitze exportiert: Nach Nordamerika, nach Ostindien, nach Japan,

China und Australien. Man baute auf den alten Netzwerken auf», erzählt Barbara Karl. Die ganze Stadt war im Spitzenfieber: Ein Zollfreilager wurde ebenso gebaut wie eine Schule für Mustergestalter. Und eben die Stickereibörse, an der Fabrikanten, Händler und Sticker miteinander ins Geschäft kommen konnten. Immer mehr Menschen setzten auf das Stickereigeschäft, machten es zur Grundlage ihrer Existenz. Umso härter traf sie die erste Krise im Jahr 1885, die entstand, weil einfach zu viel Spitze in Zeiten angespannterer wirtschaftlicher Verhältnisse vorhanden war. Die Aufträge blieben aus, die Löhne fielen. Diese Krise war jedoch nur vor-übergehend und konnte St. Gallen als Weltzentrum der Stickereiindustrie nichts anhaben.

Die technische Entwicklung nahm ihren Lauf und erleichterte die Arbeitsprozesse; in der Zeit vor dem Ersten Weltkrieg erfuhr die St. Galler Stickereiindustrie ihre grösste Blüte. Bis 1914 führte sogar eine direkte Zugverbindung von St. Gallen in die Modemetropole Paris. Wie Eric Häusler und Caspar Meili schreiben, waren im Jahr 1910 rund 70 000 Schweizer in der Stickereiindustrie und ihren direkten Hilfsindustrien beschäftigt. «In den Kantonen St. Gallen, Thurgau und Appenzell, wo sich mehr als 90 Prozent der Schweizer Kapazitäten befanden, bildete sich vielerorts eine Monostruktur heraus.»

Und ihr Hauptgeschäft – 95 Prozent – machte sie im Ausland. Den Menschen ging es gut, der Stadt auch, zahlreiche repräsentative Bauten entstanden. Jedoch folgte der Niedergang auf dem Fuss: Der Erste Weltkrieg brach aus, die Menschen hatten kein Geld mehr für Luxus und damit auch nicht für die St. Galler Spitze. Ausserdem war der Export durch den Wegfall der Freihandelszonen extrem eingeschränkt. Auch der Bezug der Rohmaterialien aus dem Ausland war nun deutlich erschwert. Eric Häusler und Caspar Meili schreiben: «Umso verhängnisvoller war es daher, als die ‹Glücksindustrie› nach zuletzt aussergewöhnlich starkem Wachstum ab 1912 in eine Krise schlitterte.» Für die Ostschweiz sei die Krise eine Katastrophe gewesen.

1917 griffen die Schweizer zu einem Trick, der einen kleinen, vorübergehenden Aufschwung brachte: Deutschland durfte zwar laut eines Verbots des Militärbündnisses zwischen Frankreich, dem Vereinigten Königreich und Russland im Ersten Weltkrieg, der sogenannten Triple Entente, nicht mit Baumwolle beliefert werden, für Spitze galt das Exportverbot aber nicht. Was die Eidgenossen dazu veranlasste, die Baumwolle, die nach Deutschland gebracht werden sollte, einfach ein bisschen zu besticken – womit man das Exportverbot geschickt umging. Nach dem Krieg stieg die Nachfrage durch den Wiederaufbau kurzfristig an, doch Ende der 1920er-Jahre kam es zur Weltwirtschafts-krise, die auch die St. Galler Spitzenindustrie endgültig mit in den Abgrund riss. Unzählige Menschen standen nun vor dem Nichts und es soll-te eine ganze Weile dauern, bis sich die Textilbranche wieder erholte. Eric Häusler und Caspar Meili berichten: «Eine nachhaltige Erholung trat erst nach dem Zweiten Weltkrieg ein und ermöglichte der Schweizer Stickereiindustrie, sich in einer Nischenexistenz zu behaupten.»

Die Figur mit dem Strahlenkranz.

Ihre einstige Bedeutung erlangte die Stickereibranche in St. Gallen nie mehr. Aber sie findet nach wie vor Beachtung in der Modebranche, steht für Qualität und Eleganz: Chanel, Dior, Armani & Co. schwören auf St. Galler Spitze. Ebenso wie Michelle Obama, die ehemalige First Lady, als sie sich in leuchtendgelbe Spitze hüllte. Das hat der Freiheitsstatue sicherlich gut gefallen – der echten in Amerika ebenso, wie ihrer kleinen Schwester in St. Gallen.

Eva-Maria Bast

So geht's zur Freiheitsstatue:

Die Figur mit dem Strahlenkranz auf dem Kopf befindet sich östlich des Broderbrunnens an der UBS am Multertor, Neugasse 54.

Vielfach übersehen und doch von so grosser Bedeutung: Der kleine Mann am Karlstor.

03

Steinmännchen

Ein Baumeister setzt sich ein Denkmal

Tagein, tagaus blickt das kleine Männlein auf die zahlreichen Menschen hinunter, die zu seinen Füssen durch das Karlstor gehen. Mittig sitzt es, am unteren Ende des Reliefs über dem Tor. Doch die wenigsten Passanten schenken ihm einen Blick und bemerken es nicht einmal dann, wenn sie das prachtvolle Sandsteinrelief betrachten. Denn da gibt es so viel zu entdecken, dass man den kleinen Mann leicht übersieht: Gallus, der einen Bären mit Brot füttert. Der heilige Otmar, der in der Linken ein Weinfässchen und in der Rechten den Äbtestab mit Schweisstuch hält. Jesus am Kreuz, die trauernde Muttergottes und der trauernde heilige Johannes. Das Klosterwappen des Fürstabtes Otmar Kunz (1528-1577) und das Wappen von Papst Pius IV. (1499-1565).

Bevor wir uns näher mit der Identität des kleinen Mannes beschäftigen, sei aber noch erwähnt, dass das Karlstor, das letzte der einst

sieben St. Galler Stadttore, nur wegen des Reliefs überhaupt noch steht: Es «hat das abbruchfreudige 19. Jahrhundert nicht wegen der baulichen Qualität, sondern wegen seines monumentalen Sandsteinreliefs überdauert», schreibt Bernhard Anderes in seinem Aufsatz *Das Wappenrelief am Karlstor – eine kirchenpolitische Demonstration der Abtei St. Gallen*. Allerdings hätte in der Helvetik (1798-1803) das Wappen der Fürstabtei entfernt werden müssen wie alle öffentlichen Hoheitszeichen in der damaligen Schweiz und in der Stadt St. Gallen, welche an die Ordnung der alten Eidgenossenschaft erinnerten», berichtet er weiter. Doch der heimatgeschichtlich engagierte St.Galler Politiker und damalige Erziehungsrat des Cantons Säntis, Georg Leonhard Hartmann (1764-1828), macht sich für den Erhalt des Karlstors stark und rettet es damit vor dem Abriss.
Seinen Namen erhielt das Karlstor übrigens vom Kardinal und Erzbischof von Mailand, Karl Borromäus (1538-1584), der die Stadt im Sommer 1570 im Zuge einer Visitationsreise durch die katholische Innerschweiz besuchte. Justament an jenem Tag, als das neue Karlstor fertiggestellt war. «P. Jodokus Metzler (1574-1639) schreibt in seiner 1604 konzipierten Klosterchronik, Karl habe, um den Fuss nicht in die zwinglianische Stadt setzen zu müssen, das neue Tor für seinen Einzug ins Kloster gewählt», berichtet Anderes. Das gilt aber als Legende. «Allerdings hätte der bequemste Weg von Westen her durchs Multertor in die Stadt geführt, und es wird auch überliefert, dass die reformierte Stadtbevölkerung dem Kirchenfürsten einen ehrenvollen Empfang bereitet habe.»
Doch ob er nun hindurchschritt oder nicht – seinen Namen hat das Tor auf jeden Fall aufgrund dieses Besuchs erhalten.
Später diente das Karlstor als Waffenmagazin. Im Zuge der Aufhebung des Klosters St.Gallen im Jahr 1805 fiel es in den Besitz des Kantons, dem es in der Folge als Gefängnis diente.

All diese wechselvolle Nutzung hat das kleine Männlein, das mit seinen Pluderhosen, barettartiger Kopfbedeckung und Vollbart am Konsolenfuss hockt, gesehen. Doch wer ist er denn nun, der kleine Mann, der einen Hammer und einen Meissel in seinen Händen hält? Bei Anderes findet sich auch darauf eine Antwort: Es handelt sich um den Steinmetzen. «Auf Grund der Initialen BS und des Steinmetzzeichens, das sich auf einer gemalten Steinmetztafel im Historischen Museum St.Gallen befindet, ist ein sonst nicht bekannter Bakus von Salmannsweiler (Kloster Salem) nachzuweisen.» Der hat sich, wie damals nicht unüblich, in seinem Meisterwerk selbst verewigt, worauf auch das Meisterzeichen mit den Initialen BS auf dem Schild, das zwischen seinen Beinen eingeklemmt ist, verweist. Und er verstand offenbar etwas von seinem Handwerk. Anderes meint: «Die Nahbetrachtung bringt es an den Tag. Hier war ein bedeutender Bildhauer am Werk, der zwar einer eher retrospektiven Stilstufe angehörte, aber den Meissel mit verblüffender Kunstfertigkeit zu führen wusste und dem spröden Sandstein ein Maximum an dekorativen Feinheiten und plastischer Modellierung abverlangte.» Zwar hätten Kälte, Nässe und Luftverschmutzung viele Details verwittern lassen, es gebe aber auch «unberührte, auffallend gut erhaltene Partien», die «Zeugnis von virtuoser Meisseltechnik ab(legen), so vor allem die dekorative und textile Belebung der Oberflächen.» Der Kunsthistoriker urteilt: «Das heraldische Figurenrelief ist unseres Wissens nicht nur das grösste Bildwerk dieser Art an einem Schweizer Profanbau, sondern auch ein ungewöhnliches und spektakuläres Zeugnis der Renaissance, ein Glanzpunkt der Bodenseekunst.»

«Hier war ein bedeutender Bildhauer am Werk.»

Er war also mit Recht stolz auf sein Relief, der Bildhauer Bakus von Salmannsweiler, der sich in seinem Meisterwerk selbst verewigte.

Eva-Maria Bast

So geht's zum Steinmännchen:

Es sitzt im Konsolenstein des 5,5 Meter hohen und 4,3 Meter breiten Sandsteinreliefs über dem Karlstor und ist von der Moosbruggstrasse aus zu sehen.

04

Hagenbuchwald

Frieda Kellers Fall änderte das Strafgesetz

Frieda Keller hatte nie eine Chance. Nicht, als ihr Vorgesetzter, der Wirt Carl Zimmerli, sie vergewaltigte. Nicht, als sie ihr Kind in die Kinderbewahranstalt Tempelacker gab. Und nicht, als sie wegen Mordes an ihrem Sohn zu lebenslanger Haft verurteilt wurde. Sie war eine unverheiratete Frau des frühen 20. Jahrhunderts und hatte nicht viele Rechte. Doch ihr Fall führte dazu, dass man bei der Erarbeitung des Schweizerischen Strafgesetzbuches, das im Jahr 1942 in Kraft trat, eine Abstufung verschiedener Tötungsdelikte festlegte, weil die beratenden Juristen fanden, dass es einen solchen Fall wie den der Frieda Keller nie wieder geben dürfe.

Frieda Keller wuchs in Bischofszell im Kanton Thurgau auf. Sie war eine Schneiderlehrtochter und half ab und zu im Restaurant Post aus. 1898 wurde sie als 19-Jährige vom Wirt Carl Zimmerli vergewaltigt und wurde schwanger. «Im Kanton Thurgau gab es damals ein Gesetz, das es Frauen in dieser Situation unmöglich machte zu klagen. Hatte ein verheirateter Mann ausserhalb der Ehe Geschlechtsverkehr, war automatisch die daran beteiligte Frau schuld. Man ging davon aus, dass sie den Mann verführt hatte», erklärt Michèle Minelli. Die Autorin hat aus Frieda Kellers Geschichte den Roman *Die Verlorene* geschrieben und kennt den Fall in- und auswendig. Das Wissen darüber eignete sie sich durch das Studium aller Gerichts- und Polizeiprotokolle an.

Da es in der Familie Keller bereits eine uneheliche Geburt gegeben hatte, schickten Friedas Eltern sie nach St. Gallen, wo sie ihren Unterhalt als Schneiderin verdiente. Ihren Sohn brachte sie im Mai 1899 in der Kantonalen Gebäranstalt (heutiges Kantonsspital) zur Welt. Zwölf Tage nach der Geburt gab sie Ernstli, wie sie den Kleinen nannte, in die Kinderbewahranstalt Tempelacker. «Sie hatte immer vor, ihn zu sich zu holen, sobald sie einmal verheiratet wäre», sagt Michèle Minelli. In St. Gallen galt das Gesetz, wer nicht verheiratet sei und ein Kind zur Welt bringe, werde verzeigt. Das hatte keine Busse oder Gefängnis-

Die Autorin Michèle Minelli hat die Mordstelle aufgrund der Protokolle ausfindig machen können.

strafe zur Folge, die Hebammen mussten jedoch das uneheliche Kind melden, wodurch Frieda Keller einen Eintrag bei der Gemeinde erhielt.

Frieda Keller lebte bei ihrer Schwester in St.Gallen, die Miete für ihr Zimmer und den Unterhalt für Ernstli konnte sie kaum bezahlen. Als sie Heinrich Rothenfluh kennenlernte und sich zwischen ihnen ein zärtliches Liebesverhältnis entwickelte, keimte in Frieda Keller die Hoffnung, Ernstli zu sich holen zu können. Sie wollte Heinrich Rothenfluh heiraten. Die Beziehung ging jedoch nie übers Händchenhalten und ein paar Küsse hinaus. Und dann erhielt Rothenfluh eine neue Stelle in Rapperswil und zog zu seinen Eltern zurück, die dort in der Nähe lebten. Etwa zur gleichen Zeit starben Friedas Eltern und ihre beste Freundin zog in den Kanton Bern. Obwohl die junge Frau auch abends und an den Wochenenden arbeitete, kamen noch finanzielle Sorgen hinzu: Mehrfach mahnten die Schwestern der Kinderbewahranstalt Frieda, dass sie das Kostgeld bezahlen müsse, sonst würden sie den Jungen auf die Strasse setzen. «Sie überlegte sich, eine Annonce in die Zeitung zu setzen, um Ernstli zur Adoption freizugeben. Doch hätte sie auf diesem Weg niemanden gefunden, hätte sie noch mehr Geld verloren», schildert Michèle Minelli den Zwiespalt. Und weiter: «Sie hatte ihren Sohn fünf Jahre lang versteckt und schämte sich mittlerweile mehr dafür, so lange gelogen zu haben und nicht mehr in erster Linie, weil sie ihn weggegeben hatte.»

Als die Schwestern Frieda Keller eine letzte Mahnung schickten, fasste sie einen Entschluss. Sie holte Ernstli am 2. Mai 1904 aus dem Tempelacker ab und ging mit ihm in den Hagenbuchwald. An einer Stelle, an der sie glaubte, sie würde vom Weg aus nicht mehr gesehen, scharrte sie mit den Füssen eine kleine Mulde. Dann legte sie ihrem fünfjährigen Sohn einen mitgebrachten Strick um den Hals und erdrosselte ihn. „Er hat sich nicht gewehrt, reagierte nicht einmal“, gibt die Autorin die Stelle des Protokolls wieder. Er hat seiner Mutter wohl einfach vertraut. Nach der Tat legte Frieda Keller ihren Sohn in die Mulde und verscharrte ihn unter dem Laub vom letzten Herbst. Weiter geht aus dem Protokoll des Verhörs hervor, dass Frieda Keller die Tat wohl vom ersten Moment an bereut hatte. «Sie irrte auf Drei Weieren umher und ging erst nach Hause, als es dunkel wurde.» Die Stelle der Tat kann Michèle Minelli ziemlich genau eruieren. Von einer

Gabelung des Weges führen auf einem Trampelpfad rund 200 Schritte in den Wald hinein. Ein unheimliches Gefühl beschleicht einen, wenn man denkt, was hier vor etwas mehr als 100 Jahren geschehen ist. Damals wurde diese Stelle hinter den vor Blicken schützenden Bäumen auch von Pärchen aufgesucht, die ungestört schmusen wollten oder von Ausflüglern. So fanden am 7. Juni 1904 zwei italienische Spaziergänger zwischen den Bäumen Ernstlis Leiche. Sie meldeten den Fund auf dem Landjägeramt, von wo aus ein Zeugenaufruf in die Zeitung gesetzt wurde. Zuerst nur in der Ostschweiz, später landesweit und schliesslich sogar über die Landesgrenzen hinaus bis nach Süddeutschland. Die Polizei befragte die Bauern, die in der Nähe des Hagenbuchwaldes wohnten, und alle begannen, sich gegenseitig zu verdächtigen. Am 14. Juni meldete sich Susetta Wyss auf dem Landjägerposten. Die Oberschwester des Tempelackers glaubte, im Kleidungsbeschrieb, der in der Zeitung veröffentlicht war, Ernstlis Kleider zu erkennen. Noch am selben Tag wurde Frieda Keller festgenommen. «Sie hat noch in der Tür gestanden. Wie ich das aus dem Protokoll entnehme, glaube ich, dass sie erleichtert war, endlich die Wahrheit sagen zu können», schildert Michèle Minelli die Verhaftung.

In der Folge wurde Frieda Keller mehrfach verhört. Auch ihre Geschwister, die Schwestern des Tempelackers sowie Heinrich Rothenfluh wurden vernommen. «Es ging wohl in erster Linie darum, herauszufinden, ob sie eine liederliche Person war, die den Wirt einst verführt hatte oder nicht», erklärt die Autorin. Frieda Kellers Geschwister zahlten einen Anwalt für sie: Dr. Arnold Janggen war zu jener Zeit eine Berühmtheit in St. Gallen. Damals durfte ein Anwalt nicht ohne Gesuch mit seinem Mandanten sprechen, was die Verteidigung erschwerte. Doch Janggen erhielt die Bewilligung und konnte mit Frieda reden. Viel nützte der damals 24-Jährigen die Verteidigung allerdings nicht. Da sie den Strick in den Wald mitgenommen hatte, bedeutete das, die Tat war geplant und wurde als Mord klassifiziert. Mildernde Umstände kannte die damalige Rechtsprechung nicht. Im St. Galler Strafgesetzbuch gab es lediglich die Varianten Totschlag (also im Affekt) oder Mord. Am 12. November 1904 um 8.30 Uhr begann der Prozess. Bereits um 17.40 Uhr verkündete der Richter das Urteil: Frieda Keller wurde wegen Mordes zum Tode durch das Fallbeil verurteilt. Sie verbrachte die Zeit, in der sie auf die Vollstreckung wartete, frierend in einer Zelle ohne Fensterscheiben. Frieda Keller und ihr Anwalt mussten innerhalb von 24 Stunden nach der Urteilsverkündung ein Begnadigungsgesuch stellen, was sie taten. Zudem trafen aus der ganzen Schweiz Bittschriften ein, der Grosse Rat möge sie begnadigen. Am 25. November 1904 tat er das schliesslich. Doch eine Begnadigung bedeutete keinesfalls Freiheit: Frieda Keller wurde eine lebenslange Einzelhaft mit Schweigepflicht im Zuchthaus auferlegt. Von der Untersuchungshaft wurde sie in die Strafanstalt St. Jakob gebracht, die sich an jenem Ort befand, wo heute die Hallen der Olma-Messen stehen. „Einmal wurde Frieda von einer Wärterin missbraucht. Weil sie dabei schrie, und somit gegen die Schweigepflicht verstiess, kam sie noch für einige Tage in die Dunkelhaft", sagt Michèle Minelli.

Nach 15 Jahren Einzelhaft und zwei weiteren Gnadengesuchen wurde Frieda Keller am 25. November 1919 in die Freiheit entlassen. Zu diesem Zeitpunkt war sie eine gebrochene Frau. Sie zog zu ihrer Freundin nach Hilterfingen am Thunersee. Zwischen 1937 und 1938 erlitt sie mehrere Schlaganfälle und kam nach verschiedenen Spitalaufenthalten in die psychiatrische Klinik Münsterlingen. «Hier begannen die Befragungen wieder von vorne, weil die Ärzte glaubten, sie müsse ihr Trauma aufarbeiten», sagt Michèle Minelli. Am 7. September 1942 starb Frieda Keller im Alter von 62 Jahren in Münsterlingen, verwirrt, einsam und als Armengenössin.

Mirjam Bächtold

So geht's zum Tatort im Hagenbuchwald:

Von der Haltestelle Notkersegg der Appenzeller Bahnen läuft man in den Wald und von der Kreuzung mit einer Bärskulptur aus Holz geht es 200 Schritte ins Dickicht.

Martin Schindler ist in einen der Gräben gestiegen.

05

Gräben

Der heute so friedliche Blick

Ob im tiefsten Winter oder bei sommerlichen Temperaturen: Ein Spaziergang auf der Bernegg ist immer ausgesprochen lohnenswert. «In der Altstadt St.Gallen haben wir ja das Problem, dass wir in keine Richtung weit blicken können», sagt der Leiter der Kantonsarchäologie St.Gallen Martin Schindler. Das ist von der Bernegg aus anders. Und das ist auch der Grund, warum es hier im Mittelalter längst nicht so beschaulich zuging, wie das heute der Fall ist: Feuer wurden gelegt und mit Wasser gelöscht, sodass tiefe Gräben entstanden, die die Spitze des Bergs heute noch prägen. «Auch die Hügel hat man damals modelliert und steile Hänge geschaffen», sagt der Kantonsarchäologe. Hier finden sich Spuren von drei mächtigen Wällen und zugehörigen Gräben, die in weitem Bogen die Hügelkuppe umziehen. Warum all diese Mühe? Und was hat das damit zu tun, dass man von der Bernegg aus eine solch gute Sicht hat?

Das hängt mit dem Investiturstreit zusammen, dieser schweren Krise im 11. und 12. Jahrhundert zwischen Papst und König oder Kaiser um die Rolle der weltlichen Herrscher bei der Amtseinsetzung von Bischöfen und Äbten. Bei diesem Konflikt ging es in erster Linie darum, dass der Landesherr, sprich der König, dem Würdenträger Ring und Stab überreichte, die Symbole seiner geistlichen Autorität. Im Frühmittelalter war dies noch selbstverständlich gewesen. Ihren Lauf nahm die Geschichte – oder besser: der Streit, als Papst Gregor VII. (1025/1030-1085) im Jahr 1075 dem späteren Kaiser Heinrich IV. (1050-1106) das Investiturrecht auf den Mailänder Erzstuhl untersagte. Der setzte seinen Kandidaten aber ungeachtet dessen durch, was zu kriegerischen Auseinandersetzungen führte. Gregor erhielt Rückhalt bei deutschen Fürsten, «bannte Heinrich und stiess ihn damit aus der christlichen Gemeinschaft aus», so der Duden. Doch Heinrich wehrte sich gegen seine Widersacher, stellte 1080 einen Gegenpapst und vertrieb Gregor VII. aus Rom. Der Duden schreibt von einer «tiefen ideologischen Krise», in die die mittelalterliche Welt durch den Investiturstreit gestürzt wurde. «Die Einheit von Kirche und Welt war zerstört.»

Diese Gräben wurden einst mit Feuer und Wasser in den Fels gesprengt.

In diesem Streit musste man sich entscheiden und sich entweder auf die eine oder die andere Seite stellen. Das spaltete auch Schwaben und Burgund. Im *Historischen Lexikon der Schweiz* ist zu lesen: «Das südl. Schwaben mit den der Reform zugewandten Adelsgeschlechtern der Rheinfelder, Zähringer, Welfen, Nellenburger, Habsburger, Kyburger, Toggenburger u.a. war eines der Hauptwiderstandsgebiete gegen den König [...]. Im Kampf um die Herrschaft in Südschwaben waren nur die Lenzburger und Abt Ulrich von St.Gallen kaiserlich gesinnt, die Reformpartei wurde auch von dem Abt von Reichenau, Ekkehard von

Nellenburg (1073-88), sowie den Bf. von Konstanz und Chur, Gebhard von Zähringen und Ulrich II. von Tarasp, gestützt.»

Im Zuge des Investiturstreits wurde Abt Lutold 1077 im Kloster St. Gallen als Abt eingesetzt und gleich darauf wieder vertrieben. König Heinrich IV. wiederum ernannte den mit ihm verwandten und noch jungen Ulrich 1077 zum Gegenabt. St. Gallen war also königstreu. Es kam zum Krieg, die Abtei St. Gallen verlor ihre rechtsrheinischen Besitzungen. Ekkehard II. von Nellenburg versuchte nun, Lutold erneut als Gegenabt zu installieren, scheiterte jedoch wiederholt. Und im Zuge dieses Streits bestieg Ekkehard auch die Bernegg, liess Gräben in den Fels sprengen und eine Festung errichten. «Von hier aus wollte er das Kloster St. Gallen beherrschen und Abt Ulrich definitiv vertreiben», erklärt Schindler. «Das war aber nur ein kurzes Intermezzo. Denn noch im gleichen Jahr, wohl 1081, konnte die Festung auf der Bernegg von Ulrichs Leuten erobert werden. Dabei kam ihr Kommandant, Folknand von Toggenburg, ums Leben.» Nun wurde sie nicht mehr militärisch, sondern als Hochwacht und später als Aussichtspunkt genutzt. Wo man in kriegerischen Zeiten nach dem Feind Ausschau hielt, kann man nun also genüsslich die Landschaft betrachten. Und dabei tiefen Frieden empfinden. Damals wie heute.

Eva-Maria Bast

So geht's zu den Gräben:

Die ehemalige, von Gräben umgebene, Festungsanlage erreicht man, wenn man von der Bushaltestelle Riethüsli aus die Bernegg hochsteigt und den Spazierweg in Richtung St. Georgen nimmt.

06

Steinmetzzeichen

Für die Ehre und für den Geldbeutel

Die Schönheit liegt im Auge des Betrachters, sagt ein Sprichwort. Manchmal muss der Betrachter aber ganz genau hinsehen, um die Schönheit zu entdecken – und dann umso entzückter zu sein. Im Torbogen im Innenhof des Klosters St. Katharina ist ein kunstvolles Zeichen neben dem anderen eingeritzt. Sie sind alle nicht sonderlich gross, nicht grösser als eine Kinderhand, und sie sehen aus wie rätselhafte Runen. Dr. Stefan Sonderegger, Leiter des Stadtarchivs der Ortsbürgergemeinde St. Gallen, weiss, was es damit auf sich hat. «Das sind Steinmetzzeichen», sagt er. Steinmetzzeichen wie diese seien ein «Gütesiegel» gewesen, mit denen die Handwerker kundtaten, dass sie diesen Stein behauen haben – wie ein Künstler ein Bild signiert, klopft ein Steinmetz am Ende sein Zeichen ein.

Doch die Steinmetzzeichen hatten noch einen ganz anderen, praktischen Zweck – sie dienten der Abrechnung: Ein Steinmetz stapelte die Quader, die er behauen hatte, und versah die obere Reihe mit seinem Zeichen. So konnte der Meister am Zahltag genau erkennen, welcher Stapel zu welchem Steinmetz gehörte, wie viele Steine er bearbeitet hatte, und ihn nach Stück bezahlen. Jeder Lehrling einer Bauhütte bekam nach seiner fünfjährigen Ausbildung ein solches Steinmetzzeichen, das er wohl selbst entwerfen durfte und das nicht mehr geändert werden konnte. Manche Quellen sagen, dass sich die Steinmetzzeichen einer Bauhütte allesamt ähnelten und voneinander abgeleitet wurden. Dadurch habe man erkennen können, wo ein Steinmetz gelernt hatte, denn die Angehörigen dieses Berufsstandes gingen viel auf Wanderschaft.

«Bei schweren Verstössen gegen die Bruderschaft habe das Steinmetzzeichen aufgehoben werden können», schreibt Alfred Schottner in einer Abhandlung über die mittelalterlichen Dombauhütten. Darin erklärt er auch: «Das Zeitalter der etwa von 1250-1500 andauernden

Winzig klein und doch so bedeutsam: Das rätselhafte Zeichen im Torbogen.

‹himmelstürmenden Gotik› war zugleich die hohe Zeit der Steinmetzzeichen. An den aus jener Epoche noch vorhandenen Bauwerken sind sie zu Hunderten abzulesen, wobei die Stabform mit Abzweigen bzw. Ästen vorherrscht.» Also genau so ein Zeichen, wie am Bogen im Katharinenkloster zu finden ist. Und auch das passt zu dem Zeichen: Sie sind keilförmig eingeschlagen und an den Enden prismatisch abgeschlossen. Übrigens: Wurde ein Steinmetz zum Meister, durfte er sein Zeichen in ein Wappen setzen – und wenn die Nachfahren ebenfalls Baumeister waren, übernahmen sie das Wappen meistens. Durch derartige Kennzeichnungen war es möglich, das Wirken einer Baumeisterfamilie über viele Jahrhunderte hinweg zu verfolgen, zumal diese sich oft stolz selbst ein Denkmal setzte, indem sie das Wappen deutlich sichtbar, zum Beispiel auf Schlusssteinen, anbrachte.

Deshalb sind solche Wappen – und auch ganz einfache Steinmetzzeichen – für die Erforschung von Bauwerken von grosser Bedeutung. Zum Teil lässt sich an ihnen sogar die Baugeschichte sowie die Organisation auf einer historischen Baustelle ablesen. Das sieht man den winzigen Zeichen im Torbogen gar nicht an. Wer würde denken, welch grosse Geschichte hinter diesem kleinen Ding steckt?

Eva-Maria Bast

So geht's zum Steinmetzzeichen:

Man kann es im Innenhof des Katharinenklosters an den Fensterlaibungen entdecken. Das Katharinenkloster steht in der Katharinengasse 11.

Messingplatte und roter Messpunktbolzen bei der Bushaltestelle Marktplatz.

07

Messingtafeln

Ein Riese liegt auf den Strassen

Wer aufmerksam in der Stadt unterwegs ist, stellt erstaunt fest, dass es an gewissen Orten funkelt und glänzt. Wenn man näher herangeht, sieht man, dass dieses Funkeln von den goldenen Platten im Trottoir hervorgerufen wird, die im Boden eingelassen sind und auf denen sich geheimnisvolle Inschriften befinden. Welche Bedeutung haben sie und wer hat sie geschaffen? Welche Idee steckt dahinter? Es ist gar nicht so leicht, die kryptischen Botschaften der viereckigen Messingtafeln zu entschlüsseln. Auf den kleinen Tafeln steht Grossbuchstaben geschrieben: *ORT DER IRONIE, ORT DER WUT, ORT DER LUST,*

ORT DER TRAUER, ORT DER SKEPSIS und viele mehr. Zwischen West und Ost, dem Lerchenfeld- und dem Neudorfquartier, finden sich insgesamt 14 solcher Schrifttafeln. Die Hauptverkehrsachse der Stadt wurde von Konzeptkünstler Hans Ruedi, besser bekannt als H. R. Fricker, im Jahr 1996 von Westen nach Osten in 14 gleichgrosse Quadrate von 400 Metern Seitenlänge eingeteilt. In jedem dieser Quadrate befindet sich eine Schrifttafel aus glänzendem Messing. Die Grenzen der Riesenquadrate sind mit roten Messpunktbolzen von 5,5 Zentimetern Durchmesser markiert.

«Rückgrat» heisst die Kunstinstallation des Trogener Konzeptkünstlers. Was steckt hinter diesem ungewöhnlichen Namen? H. R. Fricker erklärt ihn mit dem Begriff des Stadtkörpers: «Der Westen der Stadt mit dem Quartier Lachen bildet den Kopf, die Quartiere Rotmonten und St.Georgen die beiden Arme und die Langgasse und die Rorschacherstrasse die zwei Beine. Wie ein riesiger, kilometerlanger Mensch, der auf dem Boden liegt.» Den Auftrag für dieses Konzept-Kunstwerk erhielt Fricker von der städtischen Kunstkommission in Zusammenhang mit dem Bau des neuen Werkhofs Lachen. Ähnliche Installationen realisierte er 1994 in Bregenz, in der Kantonsschule Trogen, in der Kunsthalle St.Gallen und im Engadin, wo er zwischen Maloja und Pontresina 120 «sprechende» Tafeln installierte.

Der Konzeptkünstler Hans Ruedi, auch H. R. Fricker, zeigt eine seiner 14 Messingplatten bei der Bushaltestelle Marktplatz: ORT DER IRONIE.

Nach der semantischen Bedeutung der Inschriften befragt, sagt Fricker: «Ich bin neutral gegenüber diesen Begriffen und interpretiere sie nicht. Das überlasse ich den Betrachtern.» Und was ist mit dem *ORT DER WUT*? «Wenn ich mich über etwas empöre, versuche ich aktiv zu werden und einen Zustand zu verändern. Natürlich stossen nicht alle Tafeln auf ungeteilte Zustimmung. Es gab auch schon negative Reaktionen. So haben sich Leute zum Beispiel über den *ORT DER ANGST* geärgert.» Aber auch das Umgekehrte kam vor. Nach dem Verschwinden der Tafel ORT DER TRAUER aufgrund von Vandalismus im Grossacker-Quartier sei eine Frau untröstlich gewesen, weil sie bei der Tafel regelmässig um ihren verstorbenen Sohn getrauert habe, ohne dabei den Friedhof besuchen zu müssen.

Die Zuteilung der Tafeln auf die 14 Stadtquadrate erfolgte nach dem Zufallsprinzip. Beim Kantonsspital habe er jedoch den Zufall bewusst ausser Kraft gesetzt und anstelle der *TRAUER* aus Pietätsgründen die Tafel *ORT DER ZEIT* gewählt. H. R. Fricker sieht sich selber ausschliesslich als Konzeptkünstler: «Ich habe mit Malen und Bildhauern nichts zu tun.» Der Vollständigkeit halber seien die nicht erwähnten Tafeln auch noch genannt: *ORT DER SCHAM, ORT DER IDEE, ORT DER ILLUSION, ORT DER VISION, ORT DER LIST, ORT DER MANIE* und *ORT DER BEGIERDE.* Letztendlich lässt sich der Künstler doch noch zu einer Art Interpretation der Tafeln bewegen: «Es sind so etwas wie Archetypen von menschlichen Seelenzuständen.»

«Es sind so etwas wie Archetypen von menschlichen Seelenzuständen.»

Markus Wigert

So geht's zu den Messingtafeln:

Am Bohl Nr. 1, dem zentralen Marktplatz, 30 Meter vom Kino Scala entfernt, befindet sich vor dem Restaurant «Al Capone» die Tafel ORT DER IRONIE. *Die anderen Tafeln sind jeweils im Abstand von 400 Metern in die Trottoirs eingelassen.*

08

Ganggelibrogg

Tanne als Lebensretter

Das Wunder von Bern ist vor allem Fussballfans ein Begriff: 1954 gewann die deutsche Fussballnationalmannschaft gegen die als unschlagbar geltenden Ungarn die Weltmeisterschaft in Bern. Es gibt aber auch das Wunder von St.Gallen. Und dieses Wunder hat einen Namen: Ernst Buob. Thomas Ryser, wissenschaftlicher Mitarbeiter im Stadtarchiv der Ortsbürgergemeinde, muss beim Erzählen immer wieder den Kopf schütteln – so unfassbar findet er die Geschichte und auch den Ort, an dem sie sich abspielte: die Ganggelibrogg.

Die Zwischenkriegszeit ist für die Schweizer Bevölkerung nicht einfach: 1936 leben 124 000 Arbeitslose in der Schweiz. Da kommt die Tatsache, dass zwischen dem Haggenquartier und dem ausserrhodischen Stein dringend eine vernünftige Brücke hermuss, gerade recht. Rund 200 Höhenmeter und 365 Stufen auf der Hundwilerleiter gilt es zu überwinden, will man über die dicht über dem Wasser liegende Hüslibrogg auf die andere Uferseite gelangen. Gedacht, getan: Der Bau der Brücke sollte beginnen – und es werden Arbeiter gesucht. Der junge Ernst Buob (1946-2016) bewirbt sich umgehend: So lang schon hat er vergeblich nach einer Lehrstelle gesucht, nun bietet sich ihm die Chance, wenigstens etwas Geld zu verdienen. Dafür ist er bereit, eine Menge Mühen auf sich zu nehmen. «Er wohnte nicht in St.Gallen, sondern in Rorschacherberg am Bodensee und hatte zwei Stunden Weg», sagt Ryser. «Jeden Morgen um halb sechs marschierte er los, erst mit der Bahn nach St.Gallen, dann durch die ganze Stadt hindurch zum Bauplatz und am Abend wieder zurück.» Immerhin, 2,50 Franken bekommt er pro Tag. Viel ist das nicht: «verdiente ein Bäcker in Zürich mindestens 360 Franken pro Monat, ein Bauhandlanger durchschnittlich 1,35 Franken pro Stunde. Die Miete für eine Dreizimmerwohnung in Zürich belief sich in den 1930er-Jahren auf 100 Franken», hat Thomas Ryser nachgelesen. Doch das schert unseren jungen Mann nicht,

Thomas Ryser weiss um die spektakuläre Geschichte, die sich auf der Ganggelibrogg ereignete.

immerhin ist er in Lohn und Brot! Mit Feuereifer macht er sich ans Werk – und dieses Werk ist durchaus gefährlich: Um die 3 500 000 Tonnen Stahl zu verbauen und allein den höchsten Pfeiler mit 400 Nieten und Schrauben zu versehen, müssen die Arbeiter auf schmalen Holzbrettern stehen, die an Seilen über der Schlucht schaukeln. Im Stadtarchiv ist die Dokumentation des Baus in einem Fotoalbum erhalten – die spektakulären Bilder künden von den Gefahren, denen sich die Bauarbeiter aussetzten. Ernst Buob wagt es – und stürzt 36 Meter in die Tiefe. Und nun kommt das Wunder von St.Gallen: Er überlebte den Sturz nahezu unverletzt. «Ernst Buob hatte unwahrscheinliches Glück», kommentiert Thomas Ryser. «Er überlebte, weil er auf eine Tanne krachte, die bei einem Gewitter ihre Krone verloren hatte. Deshalb fiel er gleich auf die grösseren Äste und die bremsten seinen Fall etwas.» Und noch ein zweites Mal passten die Schutzengel gut auf ihn auf: «Er kam in nur wenigen Zentimetern Entfernung von einem der neu gegossenen Fundamente auf dem Boden auf», sagt Ryser. «Wäre er aufs Fundament gefallen, hätte er den Sturz nicht überlebt.» So aber ist Ernst Buob nur kurze Zeit bewusstlos. Als seine Arbeitskollegen in grosser Sorge bei dem Gestürzten im Tal eintreffen, taumelt er ihnen bereits, zwar noch etwas benommen, aber äusserlich unversehrt, entgegen.

Allein vom Blick hinab kann einem schon schwindelig werden. In diese Tiefen stürzte Ernst Buob – und überlebte.

Nach einem zehntägigen Krankenhausaufenthalt – der nur aus reiner Vorsicht so lange dauert, wirklich finden kann niemand etwas – kehrt Ernst Buob an seinen Arbeitsplatz in luftiger Höhe zurück und baut weiter an der 355,6 Meter langen und 68,6 Meter hohen Brücke, die die riesige Schlucht, die die Sitter im Laufe der Jahrtausende ins Tal gefressen hat, überspannt.

Übrigens gab es bereits im Jahr 1884 erste Pläne für die Brücke, diese wurden aber nicht realisiert. «1906 war dann eine neun Meter breite

Brücke mit Strassenbahn angedacht, daraus wurde aber auch nichts und 1926 wollte man schliesslich eine Holzbrücke errichten», fasst der Archivar die Vorgeschichte zusammen. «Von diesem Projekt hörte ein Ingenieur namens Dick, der noch im gleichen Jahr aus Eigeninitiative Pläne erstellte und sie der Stadt vorstellte.» Man war begeistert, gründete ein Initiativkomitee, sammelte Geld – auch die Bevölkerung spendete gern und viel – und so konnte der Bau beginnen, in dessen Verlauf der Arbeiter Ernst Buob in den Graben stürzte und zum Wunder von St.Gallen wurde. Ach, übrigens: Den Namen Ganggelibrogg bekam die Brücke erst bei ihrer Einweihung am 24. Oktober 1936. «Damals sollen rund 5000 Menschen die Brücke überschritten haben. Dabei war zeitweise der Andrang derart gross, dass die Brücke horizontal zu schwanken begann. Die Tragsicherheit war jedoch nie gefährdet», erzählt Thomas Ryser die Geschichte zu Ende. So kam die Brücke zu ihrem Namen, denn der hiesige Begriff für hin- und herschaukeln ist – genau «ganggelen».

«Damals sollen rund 5000 Menschen die Brücke überschritten haben. Dabei war zeitweise der Andrang derart gross, dass die Brücke horizontal zu schwanken begann.»

Eva-Maria Bast

So geht's zur Ganggelibrogg:

Die Ganggelibrogg, auch Haggenbrücke genannt, verbindet das St. Galler Stadtviertel Haggen mit der Appenzell Ausserrhoder Gemeinde Stein. Man erreicht sie, von der St.Galler Seite aus, ab dem Bahnhof mit dem Bus Nr. 2 Richtung Wolfganghof bis zur Haltestelle Schlössli, dann südwärts auf der ansteigenden Haggenstrasse an der Wirtschaft Schlössli-Haggen vorbei.

Markus Kaiser begann für ein Quiz, die Engel in der Kathedrale zu zählen.

09

Zahlen

Die Kathedrale ist voller Symbole

Dass Markus Kaiser hinter das Geheimnis der Zahlensymbolik in der Kathedrale kam, war eigentlich reiner Zufall. In den 1990er-Jahren sang er im Domchor und organisierte als Vorstandsmitglied anlässlich der Hauptversammlung ein Quiz. Anstatt die Anzahl Reiskörner in einem Glas schätzen zu lassen, stellte er die Frage, wie viele Engel es in der Kathedrale gebe. Um die Antwort zu erhalten, musste er sie zuerst alle zählen. Dabei entdeckte er etwas, was er nicht als Zufall abtun konnte. «Es sind genau 144 Engelsköpfe aus grünem Stuck», sagt der ehemalige Archivar des Staatsarchivs. 144 ist die Potenz von Zwölf. «Die Zahl Zwölf hat in der Bibel eine grosse Bedeutung.» Einerseits gab es die zwölf Stämme Israels, die den Söhnen Jakobs entstammen, andererseits hatte Jesus in den Aposteln zwölf Nachfolger. «Es ist kein Zufall, dass es genau 144 Engel sind», ist Markus Kaiser überzeugt. Dafür spricht auch, dass die hintersten beiden Fenster keine Engelverzierung haben, während bei den anderen jeweils zwei Puttenköpfe angebracht sind. «Bei den letzten Fenstern liess man sie weg. Sonst wären es ja mehr als 144.»

Die Puttenköpfe befinden sich bei den Fenstern genau dort, wo der Bogen in den senkrechten Rahmen übergeht. «An der Stelle, an der die Kraft des Bogens sich auf die geraden Seitenpfeiler verteilt, braucht es einen Stein von besonderer Form, einen sogenannten Kämpfer», erklärt der Historiker die römische Baukunst. Dieser Stein ist jeweils von den Engelsköpfen verdeckt. Auch das ist kein Zufall. «In der Bibel werden Engel immer als gewaltige Erscheinungen beschrieben, vor der sich die Besuchten fürchten.» Deshalb liess der Bildhauer Christian Wentzinger (1719-1797) die Engelsköpfe an diesen Kraftpunkten anbringen. An den obersten Punkten der Bögen zwischen den Pfeilern wird der Schlussstein von Puttenköpfen dekoriert. Es scheint also, als würden die Engel die Gewölbe der Kirche tragen. Damit sind sie das Symbol des Tempels, der in der Offenbarung nach Johannes von den Engeln vom Himmel getragen wird. «Das will diese Kirche: Den Himmel so zeigen, wie man ihn sich am jüngsten Tag vorstellt», erklärt der Historiker. Auch in der Offenbarung taucht die Zahl 144 auf: Hier ist die Rede von 144 000 weissgekleideten Seligen mit Palmwedeln in der Hand, die in das Himmelsreich eingehen werden. Für sie könnten die 144 Pilaster in Kirchenschiff und Chorraum stehen. Jeder Pfeiler in der Kathedrale ist von Pilastern (Flachsäulen) umkleidet. Sie sind weiss und tragen grüne Kapitelle. Die Palmwedel sind in der Kathedrale in den Gewölbezwickeln zu entdecken.

Wer Zeit hat, kann die Engel und Pilaster ja einmal nachzählen.

Mirjam Bächtold

So geht's zu den Zahlen:

Man findet sie in der Kathedrale, die in der südlichen Altstadt zwischen Klosterplatz und Gallusplatz steht.

Tigerbergstrasse

10

Strassenschild

Wie der Berg zum Tiger kam

Die Suche nach dem Tiger war ausgesprochen aufwendig. Sie begann damit, dass der geschichtsinteressierte Architekt Arnold Flammer den Auftrag bekam, an der Tigerbergstrasse ein Haus zu untersuchen. Bis dahin hatte er sich nie gefragt, woher die Tigerbergstraße ihren Namen hat und wo denn eigentlich der Tiger sei. «Und dann wurde es plötzlich ganz seltsam: Bei der Sanierung haben wir gemerkt, dass das Gebäude deutlich älter ist als gedacht. Wir haben uralte Bohlenwände unter dem Verputz gefunden.» Die Erbauungszeit liess sich schliesslich auf das Jahr 1563 bestimmen, «womit es sich bei dem Objekt um eines der frühesten St.Galler Landhäuser überhaupt handelt», sagt Flammer. Neugierig geworden ging er ins Stadtarchiv und begann zu recherchieren. Er fand Kaufurkunden von einem Herrn Hauptlin, die auf die Jahre 1551 und 1562 datiert sind. Weiter erfuhr Arnold Flammer im Stadtarchiv, dass das Haus an Hauptlins Tochter fiel «und dann wieder an die Tochter und auch an deren Tochter.» Bei dem Haus, erzählt der Architekt weiter, habe es sich um ein Landgut gehandelt. Um 1640 habe Hans Jakob Högger (1627-1710), ein reicher Stadtbürger, das Gebäude gekauft und es als Landsitz genutzt. «Unten in der Stadt hat man gearbeitet, dort oben hat man sich entspannt.» Högger übertrug das Haus dann seinen Söhnen. «Und das waren ziemlich illustre Leute», sagt Flammer. «Sie hatten eine bedeutende Bank in Paris, zu dessen Kunden auch der Sonnenkönig Louis XIV. (1638-1715) zählte. Das war die Crème de la Crème im Bankengeschäft.» Doch das Ende des Höggerschen Wohlstands liess nicht lange auf sich warten: Die Bank ging bankrott. «In St. Gallen war das ein Riesenskandal», hat der Architekt recherchiert. Um ihre Interessen zu wahren, beschlagnahmte die Stadt alles, was den Högger in St.Gallen gehörte und verkaufte es bestmöglich, um die Gläubiger zufrieden zu stellen.» In all diesen Verhandlungen, die im Stadtarchiv dokumentiert sind, taucht im Jahr 1728 die

Arnold Flammer weiss, woher die Tigerbergstrasse ihren Namen hat.

Bezeichnung «Berg und Hauss zu Tyger» auf. «Und weil Berg ein Synonym für die Landgüter war, ist daraufhin der Name Tigerberg entstanden. Landgüter hatten meist den Zusatz Berg. Damit konnte zwischen Stadthaus und Landhaus unterschieden werden», erklärt der Architekt.

Als er das erfuhr, habe es bei ihm Klick gemacht, freut sich Flammer. «Der Tigerberg und die Strasse haben ihren Namen also vom Haus zum Tiger in der Stadt.» Doch die nächste Frage war noch nicht geklärt: Woher hatte das Haus selbst seinen Namen? Der Architekt recherchierte weiter und fand heraus, dass ein Verwandter der drei pleitegegangenen Brüder in Ostindien gewesen war und 1641, im Alter von etwa 34 Jahren, zurückkehrte. Im Gepäck hatte er zwei Gemälde, auf denen Tiger dargestellt waren. Die Bilder seien seit über 100 Jahren verschollen, es existierten aber noch Beschreibungen, erklärt Flammer. Ihnen zufolge müssen die Gemälde sehr aufregend ausgesehen haben, ziemlich gross und farbenprächtig. «Und sie hingen in diesem Haus.» Das sprach sich in St.Gallen herum, die ganze Stadt hat davon geredet – obwohl niemand wusste, wie sie aussehen. Irgendwann habe der Hausbesitzer einmal zu einem Tag der offenen Tür in seine Stube eingeladen, damit die Bevölkerung die Bilder endlich bestaunen konnte.

Dank der Gemälde kam also das Haus an der Ecke Marktgasse/Spisergasse im Volksmund zu seinem Namen – und nach ihm der Berg und nach diesem dann die Strasse.

Und St. Gallen kam zu einem Tigerberg – wenn auch ganz ohne (echte) Tiger.

Eva-Maria Bast

So geht's zum Strassenschild:

Man findet es wohl ein halbes Dutzend Mal an der kurvigen Tigerbergstrasse.

Von hoch oben blicken die Köpfe auf die Passanten hinab.

11

Köpfe

Die ganze Welt an einer Fassade

Im Haus an der Ecke Multergasse/Neugasse befindet sich ein Kleidergeschäft. Und so schaut frau im Vorbeigehen wohl eher ins Schaufenster als auf die Fassade. Würde sie den Kopf in den Nacken legen, so sähe sie an der Hauswand zur Multergasse vier Köpfe: Einen Afrikaner, einen Asiaten – vermutlich einen Tataren – einen Indianer und einen Maori. Sie stehen naheliegenderweise für die vier Kontinente Afrika, Asien, Nord- und Südamerika sowie Australien. Auffällig ist ihre Darstellung: Die Köpfe sehen wild aus, der Maori etwa trägt ein Stück Holz durch die Nase gezogen und alle vier schauen grimmig auf die Passanten herunter. «So hat man sich Anfang des 20. Jahrhunderts diese Völkergruppen vorgestellt», erklärt Clemens Müller, klassischer Philologe und Kulturhistoriker. «Nur wenige konnten sich Reisen leisten. Eine Vorstellung vom Aussehen der Menschen auf fremden Kontinenten vermittelte die völkerkundliche Literatur oder man erhielt sie an den sogenannten ‹Völkerschauen›, die auch in St. Gallen oft Station machten.» Bei diesen Schauen wurden fremdländische Menschen wie Tiere in einem Zoo präsentiert. Dadurch entstanden Stereotypen der jeweiligen Völkergruppen. Was auffällt: An der Südfassade fehlt der Kontinent Europa. Der Kopf, der diesen symbolisiert, befindet sich an der Westfassade, wo er für sich alleinsteht. «Er sieht sehr zivilisiert und edel aus, während die anderen Köpfe als Wilde dargestellt sind. Sie wirken gefährlich und unzivilisiert», kommentiert Clemens Müller die Darstellung der Köpfe, die der holländische Bildhauer Henri Gisbert Geene (1865-1950) geschaffen hat. An der Fassade des Europäers befinden sich auch die symbolträchtigen Tiere Fuchs, Eule und Biene. «Der Fuchs steht für Schlauheit, die Eule für Weisheit, die Biene für den Fleiss.» Dies wird zusätzlich durch das Sprichwort «*Morgenstunde hat Gold im Munde*» untermalt, das in goldenen Lettern über dem westlichen Eingang prangt. «Es sind alles Attribute, die damals die Europäer für sich in Anspruch nahmen», erklärt Clemens Müller.

Clemens Müller vor dem Haupteingang mit Waage und Hermes.

Das Haus zur Waage wurde 1903/04 vom St. Galler Architekten Wendelin Heene (1855-1913) er-baut. Bauherr war der Konsumverein, der es als Kaufhaus nutzte. Zuvor hatten hier die beiden Häuser «Zur Garbe» und «Zur Waag» gestanden; vom letzteren hat das heutige Haus den Namen «geerbt». Wie die beiden Vorgängerbau-

ten zu ihren Namen kamen, ist ungeklärt, vermutlich waren es einfach Bezeichnungen anstelle von Adressen.
«In der Architektur des Jugendstils war die Symbolsprache der Mythologie durchaus üblich», sagt Clemens Müller. Passend zum Kaufhaus befindet sich über dem Haupteingang unterhalb der Waage deshalb die Figur des Hermes, des griechischen Gottes des Handels, erkennbar am geflügelten Helm.

Interessant ist, dass die fünf Köpfe der Kontinente auch am Bahnhofsgebäude wieder auftauchen. Hier sind sie jedoch weniger plastisch dargestellt und erinnern eher an Masken. Wer der Schöpfer dieser Köpfe war, ist nicht bekannt. Das Bahnhofsgebäude entstand erst in den Jahren 1911 bis 1913 unter Federführung des Architekten Alexander von Senger (1880-1968). «Es könnte sein, dass die Köpfe ebenfalls von Henri Gisbert Geene stammen, der auch die Monatsköpfe am Haus an der Bankgasse geschaffen hat», sagt Clemens Müller (siehe Geheimnis 32). «Sicher ist das aber nicht.» Am Bahnhofsgebäude sind die Köpfe alle an der südlichen Fassade angebracht, in ihrer Mitte steht eine mit Spitzen geschmückte Europäerin. Sie blicken auf die Reisenden, die – vielleicht ebenfalls aus aller Welt – in St. Gallen ankommen.

Mirjam Bächtold

So geht's zu den Köpfen:

Sie befinden sich an der Fassade der Multergasse 55, bei der Kreuzung zur Neugasse.

Paul Odermatt steht vor einem der künstlichen Felsen des Wildparks.

12

Künstliche Felsen

Steinböcke – geschmuggelt und angesiedelt

Hoch über der Stadt, im Osten des Rotmonten-Quartiers, entdecken Besucher unverhofft ein einzigartiges Naherholungsgebiet: den Wildpark «Peter und Paul». Von weitem schon sind die künstlichen Kletterfelsen, die bemerkenswert echt aussehen, zu erkennen. Wer hat diese naturgetreuen Monumente geschaffen? Wer hat den Auftrag dafür erteilt und was muss das für ein Naturkenner gewesen sein, der dieses Kunstwerk ausgeführt hat? Die künstlichen Felsen sind von verschiedenen Alpentieren bewohnt: Steinböcke und Gämsen turnen vergnügt darauf herum. Die Steinböcke veranstalten ein beeindruckendes Schauspiel, indem sie mit ihren riesigen gebogenen Hörnern immer wieder aufeinanderprallen und Rangkämpfe ausfechten. Doch wie gelangten die Steinböcke, die in Mitteleuropa seit 1809 als ausgestorben galten, überhaupt nach St. Gallen?

«Die ersten drei Steinkitze kamen im Jahr 1906 aus einem Jagdreservat des italienischen Königs Vittorio Emmanuele im Aostatal auf nicht ganz legalem Weg nach St. Gallen», erklärt Paul Odermatt, langjähriger Präsident und aktueller Vizepräsident der «Wildparkgesellschaft Peter und Paul», die seit der Gründung im Jahr 1892 bis heute immer 40 Mitglieder zählte. EinBöcklein und zwei Geisschen liess Robert Mader (1847-1936), ein Mitgründer des Wildparks, von einem Wilderer im Frühsommer 1906 abholen und nach St. Gallen bringen. Dass es sich dabei um eine Schmuggelaktion gehandelt hatte und die Kitze ihren Müttern weggenommen wurden, schien den tatkräftigen Besitzer des legendären Hotels «Walhalla» nicht sonderlich gestört zu haben. Diese drei Tiere standen am Beginn der Steinwildzucht auf «Peter und Paul». Schon bald stellte sich Nachwuchs ein und die St. Galler Steinwildkolonie wuchs kontinuierlich an. «Mit gekochter Kuhmilch aus der Babyflasche wurden die Steinkitze von ihren liebevollen Wärtern aufgezogen», erklärt Paul Odermatt.

Die erste Auswilderung erfolgte 1911 im Weisstannental in der Region Sargans. Kräftige Männer trugen am 8. Mai 1911 hölzerne Transportkisten in das abgelegene Tal, um die ersten fünf Steinböcke wieder in den Schweizer Alpen anzusiedeln. Nach seiner Ausrottung im frühen 19. Jahrhundert durch übermässige Jagd war das stolze Tier zurück in seiner Heimat. Der Hotelier Robert Mader griff auch selber immer wieder in seinen Geldbeutel, um das Überleben des Wildparks zu sichern. «Auch heute noch wird der Tierpark von etwa 1600 freiwilligen Gönnern finanziell stark unterstützt, um die jährlichen Betriebskosten von 380 000 Franken bewältigen zu können», sagt Odermatt. Ein Drittel des jährlichen Budgets wird von der Stadt St. Gallen, den umliegenden Gemeinden und der Ortsbürgergemeinde bestritten, ein weiteres Drit-

«Mit gekochter Kuhmilch aus der Babyflasche wurden die Steinkitze von ihren liebevollen Wärtern aufgezogen.»

tel sind Legate und das dritte Drittel spenden die erwähnten Gönner.

Der zweite Steinbockvater des Wildparks war Dr. Albert Girtanner (1839-1907), ein gelehrter Arzt und Zoologe. Während Robert Mader ein stattlicher Mann und kluger Praktiker war, dem es gelang, die ersten drei Tiere nach St. Gallen zu bringen, setzte sich Albert Girtanner in seinen Schriften erfolgreich für den Schutz der letzten freilebenden Steinwildkolonie in den italienischen Alpen ein. Als eigentlicher Initiant zur Abtretung des 6,5 Hektar grossen Geländes gilt allerdings Martin Wild (1840-1927), langjähriger Forst- und Güterverwalter der Ortsbürgergemeinde St. Gallen (siehe Geheimnis 35).

Mit der eingangs gestellten Frage, wer für die künstlichen Felsen verantwortlich ist, kommt der Bildhauer Urs Eggenschwyler (1849-1923) ins Spiel. Der Zürcher Künstler wurde 1902 von der Wildparkkommission mit dem Auftrag für die möglichst naturnahen Kletterfelsen verpflichtet. Das war allerdings etwas verfrüht, wie sich später zeigte, weil sich die Beschaffung der ersten Tiere als schwieriger erwies als zunächst angenommen und erst vier Jahre später realisiert werden konnte. Zwischen 1907 und 1912 entstanden die naturgetreuen Kunstfelsen, die im Innern hohl sind und als Futterplätze für die Tiere verwendet werden. Obwohl der durch eine frühe Schar-lacherkrankung fast taube Eggenschwyler seine Felsen vermeintlich für die Ewigkeit erbaut hatte, zeigten sich nach 60 Jahren erste Risse, bedingt durch Regen, Frost und Schmelzwasser. Die notwendigen Sanierungsarbeiten in den Jahren 1969-71 und in einer zweiten Etappe 1981 machten teuerungsbedingt ein Vielfaches der Erstellungskosten aus. Im Zuge des hundertjährigen Wildparkjubiläums wurden die Felsen totalsaniert und mit Spritzbeton neu verputzt.

Markus Wigert

So geht's zu den künstlichen Felsen:

Sie befinden sich im Wildpark Peter und Paul. Dieser liegt am Ende der Kirchlistrasse im Rotmonten-Quartier.

Diese Szene könnte auf den wirtschaftlichen Erfolg des Erkerbesitzers hindeuten.

13

Relief

Das Unternehmen kraftvoll gesteuert

Der junge Mann, der durch das Wasser schreitet, hat das Ufer erreicht: Sein rechter Fuss betritt schon festen Boden, sein linker befindet sich noch im Meer. Doch er blickt nicht nach vorne, sondern hat sich umgewandt und schaut zu dem fischschwänzigen Hund, den er an der Leine hält. In der anderen Hand trägt er einen Stab, an dessen Spitze Fische und flatternde Bänder befestigt sind. Im Bildhintergrund ist, auf einer Anhöhe gelegen, ein Gebäude zu sehen, das wie eine Burg oder eine Festung anmutet. Die Kunsthistorikerin Claudia Reeb hat sich in ihrer Dissertation ausführlich mit St.Gallens Erkern beschäftigt – so auch mit dem Schwanenerker, an dem diese Abbildung im oberen südlichen Schmalfeld zu sehen ist. Über die Deutung herrsche Ungewissheit, sagt sie und ergänzt: «Erwin Poeschel hat 1957 vorgeschlagen, die Szene als Überwindung der Skylla – ein Meeresungeheuer der griechischen

Mythologie – durch den jugendlichen Herkules zu lesen.» Und bei dieser Deutung sei es mangels sonstiger Hinweise bis heute geblieben. Claudia Reeb will diese gängige Interpretation weder stützen noch widerlegen, gibt aber zu bedenken, «dass die Nymphe Skylla laut Mythologie durch Kirkes Rache für Skyllas Nicht-Erwidern von Glaucus´ Liebe in ein Wesen mit dem Unterleib eines Ungeheuers verwandelt wurde.» In der Antike werde sie meist als fischschwänzige Frau dargestellt, aus deren Unterleib die Vorderteile von Hunden wachsen. «Auf dem Schwanenerker-Relief fehlen indes viele dieser charakteristischen Merkmale.» Möglicherweise, überlegt die Kunsthistorikerin, entbehre diese Szene jeglicher Vorlage, und die Bildaussage sei eine symbolische – mit starkem St. Gallen-Bezug: «Denkbar wäre, dass sich der Hausbesitzer in dieser Szene allegorisch abbilden liess, nämlich als erfolgreicher Geschäftsmann, der die Geschicke seines Unternehmens gegen alle Widerstände lenkt», erklärt sie. Zu einer solchen Abbildung hätte der Bauherr, Marx Friedrich Högger (1655-1731), auch allen Grund gehabt: Er leitete ab 1680 die Lyoner Niederlassung der Firma Frères Hogguer & Cie., die im frühen 18. Jahrhundert einige Jahre lang zu den führenden Financiers des französischen Hofs gehörte. «Das Bankhaus finanzierte während zehn Jahren die Heere Ludwigs XIV. (1638-1715) mit der riesigen Summe von einhundert Millionen Louisdor. Auch das Schwedische Königshaus gehörte zu den Kunden der Högger-Financiers», macht die Kunsthistorikerin die Bedeutung des Bauherrn deutlich. Für seine Dienste wurde Marx Friedrich Högger 1713 in den schwedischen

Die beeindruckende Darstellung am Erker.

Adelsstand erhoben. «Es würde deshalb nicht erstaunen, wenn er mittels dieser Darstellung, obgleich – zumindest aus heutiger Sicht – verschlüsselt, seinen persönlichen Erfolg demonstrieren wollte», mutmasst die Expertin.

Als Marx Friedrich Högger das Haus 1690 erwarb, hatte es noch keinen Erker – aber für Högger war sofort klar, dass er einen haben wollte, «gleich denen am Markt». Claudia Reeb erklärt: «Damit verwies Högger einerseits auf den Erker am Wohnhaus seines Onkels, Stadtammann Ruprecht Högger, und andererseits auf den Anbau von dessen Nachbar Peter Zollikofer.» In beiden Fällen habe es sich um eingeschossige Anbauten gehandelt. «Möglicherweise baute Marx Friedrich Högger 1690 vorerst ebenfalls bloss den heute unteren Teil des Erkers, und der obere wurde nachträglich – wenige Jahre später – aufgesetzt», sinniert die Kunsthistorikerin. Darauf deute neben der Machart der Bildteile auch die leichte Schieflage des oberen Teils hin. Dann wäre der Jüngling erst später hinzugekommen, vielleicht sogar erst, als Marx in den Adelsstand erhoben worden war.

Ob Marx sich nun in Gestalt des Jünglings selbst abbilden liess oder nicht – ein kleines Denkmal hat er sich im Erker auf jeden Fall gesetzt: Auf dem Halsband des Meerwesens sind die beiden Buchstaben *M* und *H* zu erkennen – seine Initialen.

Eva-Maria Bast

So geht's zum Relief:

Das Relief am Kugelerker befindet sich in der Kugelgasse 10. Die Szene mit dem jungen Mann ist im oberen südlichen Schmalfeld zu sehen.

Zum goldenen
Schäfli

Goldenes Schäfli

Der Abrissbirne entkommen

Es sieht herzallerliebst aus, wie es da auf seinem Ausleger über eine blühende Blumenwiese schreitet. Bedroht scheint es sich nicht zu fühlen, das kleine goldene Schaf – und das, obwohl ein Schaf in der Metzgergasse durchaus Grund zur Sorge hätte! Doch die Gefahr drohte einst von anderer Seite, wie die stellvertretende Stadtbaumeisterin Dr. Katrin Eberhard zu erzählen weiss. Sie hat sich ausführlich mit dem kleinen goldenen Schaf, seiner Geschichte und dem Gebäude, an dem es angebracht ist, beschäftigt. Einer Genossenschaft ist es zu verdanken, dass das Haus überhaupt noch steht. «Es beherbergt die einzige noch erhaltene Zunftstube der Stadt.» Deshalb haben sich die Gründungsmitglieder der Genossenschaft, welcher sie den Namen ‹Zum goldenen Schäfli› gaben – darunter Katrin Eberhards Vater – als es vom Abriss bedroht war, auch so für den Erhalt eingesetzt.

Zünfte gibt es in St. Gallen seit Mitte des 14. Jahrhunderts. Ernst Ehrenzeller schreibt dazu in der *Geschichte der Stadt St. Gallen*: «Die wichtigste Funktion der Zünfte in einer mittelalterlichen Stadt war wirtschaftlicher Natur, richtete sich aber nach weltanschaulich-religiösen Kriterien. […] Praktisch ging es hauptsächlich darum, die gegenseitige technische oder finanzielle Übervorteilung so gut wie möglich auszuschalten. Hierzu diente der Zunftzwang.» Will heissen: Wer in St. Gallen ein Gewerbe ausübte, musste Mitglied der jeweiligen Zunft werden. Bürgermeister Joachim Vadian (1484-1551, siehe Geheimnis 31) hat die Handwerkszweige im 16. Jahrhundert den verschiedenen Zünften zugeteilt. Die Metzger waren mit 27 bis 30 Meistern die kleinste Zunft, was aber kein Wunder ist, weil ihr, anders als bei anderen Zünften, wirklich nur Metzger angehörten. Die Zunft der Weber, die nach Vadian «in der statt und den gerichten in die vierdhalbhundert meister hat» umfasste zum Beispiel auch die Bleicher und die Blattmacher. Der Schmiedezunft gehörten nicht nur Gold- und Huf-

Das kleine goldene Schaf hat eine wechselvolle Geschichte hinter sich.

schmiede an, sondern auch Maler, Steinmetze, Zimmerleute, Wagner, Schlosser, Küfer, Spengler, Glase, Hafner, Dreher, Kessler, Zinngiesser, Tischmacher, Bader und Barbiere, Schleifer, Dachdecker, Ziegler. In der Schuhmacherzunft waren auch Sattler, Gerber und Riemer zu Hause und in der Schneiderzunft die Tuch- und Gewandleute, Färber, Manger, Kürschner, Krämer, Sekler (Beutelmacher), Hutmacher, Seiler, Tuchscherer und Kammmacher. Die Müllerzunft schliesslich umfasste Pfister (Bäcker), Mehlhändler, Kornkäufer und Wirte ohne nebenberuflichen Gewerbebetrieb.

In den Zünften wurden Preise und Leistungen festgelegt, an die sich alle halten mussten – es ging aber auch um Qualität. Ehrenzeller zitiert aus Vorschriften, die für die Metzger erlassen wurden: «Darnach galt beispielsweise den Bratwürstchen schon damals besondere Sorgfalt, durfte doch dafür ‚kain nieren, hertz noch halsflaisch', sondern nur erstklassige Ware verwendet werden.»

Katrin Eberhard findet das goldene Schäfli ausgesprochen sympathisch.

Wie heute die Vereine, hatten natürlich auch die Zünfte das Bedürfnis nach einem Ort, an dem sie sich treffen und austauschen konnten. Und hier kommen die Zunfthäuser ins Spiel. Die erste Zunft, die in St. Gallen ein Zunfthaus hatte, waren die Schuhmacher, die 1393/1403 ein Haus an der Multergasse kauften. Die Weber erwarben 1462 das Eckhaus Marktgasse/Neugasse, gegenüber befand sich seit 1459 das Domizil der Schneider, das Zunfthaus der Schmiede lag an der Marktgasse zwischen Rathaus und Irertor und die Pfister «bezogen zu einem unbekannten Zeitpunkt die am Eingang der Gasse ‚hinter Lauben' befindliche Brotlaube», wie der *Geschichte der Stadt St. Gallen* zu entnehmen ist. Und die Metzger kauften also 1484 ihr Zunfthaus von Hans Kessel, genannt Segesser. Bis ins Jahr 1475 befand sich die «Metzg» in der Neugasse, dann zog sie an den Rindermarkt, den heutigen Marktplatz, um. Stadtarzt Bernhard Wartmann lobte um 1790: «Das Schlachthaus ist sehr bequem eingerichtet, geräumig und reinlich.» Ausserhalb der Stadt, findet der Mediziner, wäre es dann aber doch besser aufgehoben gewesen: «Im Sommer und wann die Hitze gross oder der Südwind stark wehet, ist der von diesem Gebäude entstehende Geruch für die daran liegenden Einwohner bisweilen empfindlich und der Gesundheit nicht am vorteilhaftesten.» Kein Wunder, denn: «Neben dem Schlachthaus, allwo das Hornvieh geschlachtet wird (…) befinden sich unter gleichem Dache 41 Fleischerbänke, auf welchen alles Fleisch zerhauen und verkaufet wird.»

«Die Metzger suchten ein Zunftlokal in der Nähe», sagt Katrin Eberhard. Damals hiess die Straße noch Hindergasse, wurde dann aber in Metzgergasse umbenannt, nicht zuletzt deshalb, weil sich hier auch viele Metzger niederliessen. «Und dieses Zunfthaus ist das einzige, das heute noch besteht», unterstreicht Katrin Eberhard die Bedeutung. Eben drum, weil eine Gruppe engagierter Bürgerinnen und Bürger es vor dem Abriss bewahrten.

Die Zunfthäuser dienten sowohl geschäftlichen, als auch gesellschaftlichen Zusammenkünften: Hier fanden Versammlungen und Wahlen statt, hier sass man aber auch des Abends gemütlich beisammen und liess sich das eine oder andere Bierchen vom Stubenknecht bringen. Der musste sich aber nicht nur um den Ausschank kümmern: Seine Aufgabe war es auch, Ordnung zu halten. «Ungebührliches Betragen musste er dem Bürgermeister melden; Zutrinken und Spielen (um Geld) waren in St. Gallen fast dauernd untersagt», schreibt Ehrenzeller, fügt aber gleich hinzu: «Solche Verbote wurden freilich umgangen, wohl schon deshalb, weil der Stubenknecht ein Angestellter der Zunft ist, der das Gebot der Anzeige nicht immer scharf einzuhalten vermochte, wenn er es mit seiner Zunft nicht verderben wollte.» Übrigens waren Vertreter der Zünfte auch im Grossen und Kleinen Rat vertreten: «Sobald die einzelnen Zünfte ihre Vorsteherschaften ernannt hatten – in der Regel 11 Elfer und einen Zunftmeister – war damit zugleich der Grosse Rat bereits bestellt und im Kleinen Rat wenigstens die den Zünften zustehenden Plätze ebenfalls vergeben.»

Doch zurück zum Zunfthaus: Hier waren die Metzger bis 1798 beheimatet, also bis zum Ende der Stadtrepublik infolge der helvetischen Revolution, die auch den Untergang des Zunftwesens mit sich brachte. 1800/01 übernahm der Metzger Daniel Wild das Gebäude, 1826 ist der Metzger und Wirt Johann Jakob Müller als Eigentümer genannt, der seinem Lokal den Namen «Zum goldenen Lamm»" gab, und 1866 ist, unter Metzger und Wirt Bernhard Scheitlin, erstmals vom «Goldenen Schäfli» die Rede. «Die Zunftstube entstand vermutlich im frühen 16. Jahrhundert», sagt Katrin Eberhard. «Das heisst, es ist eine spätgotische Stube – eher eigentlich ein Saal.» Den Wert der prachtvollen Decke habe man schon relativ früh, im 20. Jahrhundert, erkannt und sie unter Denkmalschutz gestellt, das Haus war damals noch nicht denkmalgeschützt. In den 1960er-Jahren sollte das Gebäude, zusammen mit diversen weiteren in der Metzgergasse sogar abgerissen werden, um einem neuen grosszügigen Einkaufszentrum zu weichen. Die Idee war damals, die denkmalgeschützte Decke herauszunehmen und zu konservieren. Da regte sich allerdings grosser Widerstand, ist das Gebäude doch «zu den wertvollsten Bauten der Stadt zu zählen», wie die Denkmalpflege der Stadt St. Gallen schreibt. Mehrere namhafte Architekten, Grafiker, Juristen, Malermeister und weitere Interessierte schlossen sich zusammen und gründeten eine Genossenschaft mit dem Ziel, das Haus zu kaufen, zu sanieren, Wohnungen einzurichten und günstig zu vermieten sowie den gastronomischen Betrieb weiterzuführen. Der Plan ging auf, viele Anteilscheine wurden gezeichnet und das Haus konnte gerettet werden. Die Gastronomie wird bis heute sehr gut angenommen und das goldene Schäfli kann unbeschwerter denn je über den Ausleger spazieren. Heute will ihm sicher niemand mehr an den Kragen.

Eva-Maria Bast

So geht's zum Goldenen Schäfli:

Der Ausleger befindet sich am Gebäude Metzgergasse 5.

Architekt Laurenz Hungerbühler hat sich mit der Geschichte des Hauses befasst.

15

Alte Hausnummer

Ein äbtisches Haus gerät auf eine Zielscheibe

No Eins steht in goldenen Lettern über der Tür des stattlichen Hauses an der Rorschacher Strasse. Dabei handelt es sich eigentlich um die Rorschacher Strasse 105 und nicht um die Nummer 1, wie es die Buchstaben über dem Eingang suggerieren. «Die Nummer stammt aus dem Jahr 1802, als der Helvetische Kataster eingeführt wurde», sagt Laurenz Hungerbühler, Architekt und Bauforscher. Vor dieser Zeit gab es keine Hausnummern in St. Gallen. Die Häuser wurden nicht in jeder Strasse, sondern in der ganzen Gemeinde durchnummeriert und somit war das Pfrundhaus das erste Gebäude in der Gemeinde Tablat, wenn man von der angrenzenden Stadt St.Gallen kam. Tablat gehört erst seit der Stadtverschmelzung im Jahr 1918 zu St.Gallen. Das Gebäude selbst ist aber wesentlich älter als seine Nummerierung. «Es wurde wohl in der zweiten Hälfte des 15. Jahrhunderts gebaut», sagt Laurenz Hungerbühler. Wann genau ist nicht belegt, da keine Baupläne oder andere Dokumente mehr existieren. Damals gehörte das Gebiet der Gemeinde Tablat zum Kloster St.Gallen, war also äbtisches Verwaltungsgebiet. Mit der Kirche St.Fiden, die erstmals im 11. Jahrhundert erwähnt wird und neben dem Haus mit der alten Nummer 1 steht, wuchs die Gemeinde. «Irgendwann brauchte es einen eigenen Verwalter», erklärt der Bauforscher. Das Pfrundhaus wurde als Wohnhaus für den Priester und andere kirchliche Vertreter errichtet. Laurenz Hungerbühler, der sich für die alten Häuser der Stadt interessiert, hat viel über das Haus mit der Nummer 1 recherchiert. So hat er im fürstäbtischen Grenzatlas von 1743 herausgefunden, dass dieses Gebäude um den Kirchturm der damaligen Kirche St.Fiden herum gebaut wurde, was aus dem Grundriss ersichtlich ist. Speziell daran ist: Die Grenze zwischen Tablat und der Stadt St.Gallen verlief damals durch das Pfrundhaus.

Mit der regen Bautätigkeit in St.Fiden in der zweiten Hälfte des 18. Jahrhunderts wurden nebst der Kirche auch ein neues Amts- und Schützenhaus (1767) sowie Wohnhäuser für Bedienstete des Klosters erstellt. Damals verlor das alte Pfrundhaus wahrscheinlich seine Funktion. Wer von 1767 an darin lebte, ist nicht bekannt. Es wurde aber bereits im Jahr 1788 vor der Klosteraufhebung von 1805 an Othmar Krömler (1753-1813) verkauft. Dieser wird 1804 im Tablat eingebürgert, seine Adresse ist die des ehemaligen Pfrundhauses. Krömler war ein reicher Handelsmann. Nach der Klosteraufhebung erwarb er noch andere Häuser in St.Fiden, etwa das Amtshaus, das damalige Gerichtshaus (heute Restaurant «Hirschen») und den fürstäbtischen Garten im Grossacker.

Krömler hatte sich politisch ein hohes Ziel gesteckt: Er wollte in den Kantonsrat. Um Wähler zu gewinnen, schenkte er im Jahr 1808 dem Schützenverein, der nach wie vor seinen Sitz im ehemaligen Amts- und Schützenhaus hatte, eine Zielscheibe mit dem Bild seines Hauses darauf. «Da das Holz in der Mitte wegen Einschusslöchern immer wieder ersetzt wurde, kann das genaue Aussehen der damaligen Zeit nicht eindeutig eruiert werden», sagt Hungerbühler. Die Zielscheibe befindet sich heute im Magazin des Historischen und Völkerkundemuseums, ist aber nicht öffentlich zugänglich. Das Geschenk zeigte wohl Wirkung, denn Krömler wurde 1808 in den Kantonsrat gewählt. Sehr lange konnte er sich an seinem Amt aber nicht mehr erfreuen, da er 1813 im Alter von 60 Jahren starb.

«Da das Holz in der Mitte wegen Einschusslöchern immer wieder ersetzt wurde, kann das genaue Aussehen der damaligen Zeit nicht eindeutig eruiert werden.»

Neben dem ehemaligen Pfrundhaus befand sich der Friedhof der Kirche. Dieser wurde ab 1920 nicht mehr genutzt, jedoch erst im Jahr 1950 geschlossen. Heute werden aber zwischen Kirche und Pfrundhaus weiterhin die Priester der Stadt beigesetzt. Im Jahr 1926 erwarb die katholische Kirchgemeinde das ehemalige Pfrundhaus, das somit wieder in kirchlichen Besitz überging. Jetzt befinden sich darin Büros und Wohnungen.

Mirjam Bächtold

So geht's zur alten Hausnummer:

Das ehemalige Pfrundgebäude mit der alten Hausnummer steht an der Rorschacher Strasse 105 im Quartier St. Fiden.

beryl

16

Türkenköpfe

Elegante Herren in unbequemer Haltung

Den beiden elegant gekleideten, vornehm wirkenden Herren mit ihren wallenden Mänteln, den engen Kniebundhosen und beeindruckenden Schnauzbärten geht es offenbar nicht gut – und das wohl nicht nur, weil sie die Last eines ganzen Erkers – des Kugelerkers – auf ihren Schultern tragen. Gequält, erschöpft und resigniert blicken sie unter ihren voluminösen Turbanen auf die Menschen hinab, die unter ihnen vorbeiflanieren. Kein Wunder: Die kauernde Haltung, in der sie sich befinden, wirkt alles andere als bequem und obendrein sind Oberkörper und Füsse gefesselt. Die promovierte Kunsthistorikerin Claudia Reeb bestätigt: «Es handelt sich um Gefangene, Haltung und Ketten sind Gesten der Unterdrückung, der Erniedrigung.» In der Fachliteratur würden die beiden als «zwei Türken», als «gefesselte Türken», «gefangene Türken» oder als «mit Ketten behangene Galeerensklaven mit langen Schnurrbärten und Turbanen» bezeichnet. Der Kunsthistoriker Erwin Poeschel benenne die Dargestellten als Sklaven und verstehe sie als «Sinnbild eines unter dem Druck einer Last lebenden Menschen», erläutert Claudia Reeb.

Doch warum wählten die St.Galler Bildschnitzer eine solche Darstellung? Um dieser Frage auf den Grund zu gehen, ist ein Blick in die Geschichte nötig. «Die ständigen Einfälle der Osmanen seit dem 15. Jahrhundert betrafen ganz Europa und damit auch die Ostschweiz», beginnt Claudia Reeb zu erzählen. Die zwar letztlich erfolglose, aber doch aufsehenerregende Zweite Wiener Türkenbelagerung von 1683 habe auch die Ostschweiz in grosse Sorge versetzt. «Tatsächlich lässt sich anhand der sogenannten Mandate der Stadt St.Gallen aufzeigen, dass die Türken von der Obrigkeit als echte Gefahr empfunden wurden», hat Claudia Reeb recherchiert. «Die Räte erliessen mehrfach Mandate, aus welchen die Befürchtung osmanischen Eindringens hervorgeht.» Darin seien die Handlungen der Türken mit drastischen

Claudia Reeb hat die Geschichte des Kugelerkers recherchiert.

Worten beschrieben und die Volksgruppe mehrfach als «allgemeiner christenfeindt» oder «erbfeindt» bezeichnet worden. «Allerdings wurden die Türken ausschliesslich in Sittenmandaten, nicht jedoch in Kriegsmandaten genannt», schränkt die Kunsthistorikerin ein und schlussfolgert: «Die türkische Bedrohung für die Stadt St.Gallen dürfte folglich eher von metaphorischer denn realer Bedeutung gewesen sein.» Der deutsche Historiker Jürgen Osterhammel sei indes überzeugt, dass die türkische Bedrohung «Spuren im europäischen Gedächtnis» hinterlassen habe. «Hinsichtlich der Bevölkerung der Stadt St.Gallen meint er, dass diese aufgrund der ‹sarazenischen Stosstrupps› im Mittelalter besonders traumatisiert gewesen sein mussten.»

Der orientalisch gekleidete Herr schaut nicht besonders glücklich drein.

Wie gross das Gefühl der Bedrohung in St.Gallen war, lasse sich auch daran erkennen, dass 1661 und 1663 wegen der Türkengefahr Bettage in der Stadt ausgerufen wurden. Ein Mandat aus dem Jahr 1664 berichtet vom «grausamen wüten und toben» der Türken und wie der «lieben Eydtgnosschafft» durch «rauben, brennen, sengen, mord und blut vergiessen, (darbey weder jungen noch alten, auch dess kindts in mutterleib nicht geschonet wird)» grosse Gefahr gedroht habe.

Vermutlich hatten die Bildhauer diesen politischen Hintergrund vor Augen, als sie die elegant gekleideten und offenbar hochgestellten Herren mit ihrer Darstellung erniedrigten. «Die beiden Konsolfiguren am Kugelerker be-zeugen, wie die St.Galler Stadtbevölkerung im ausgehenden 17. Jahrhundert die Türken sehen woll-te, nämlich als in Ketten gelegte Gefangene», unterstreicht Claudia Reeb. Interessant fand die Kunsthistorikerin auch die Frage, woher die Bildhauer denn überhaupt wussten, wie Türken aussahen. Dass sie selbst ins Osmanische Reich reisten, ist extrem unwahrscheinlich und vor St.Gallen lagen die Türken ja bekanntlich nicht. Claudia Reeb recherchierte und fand eine so schlüssige wie interessante Antwort: «In der zweiten Hälfte des 16. Jahrhunderts erschienen sogenannte Kostüm- oder Trachtenbücher, die die Kleidung verschiedener Völker, Stände und Epochen wiedergaben», erzählt sie. «Die detailreichen Abbildungen spiegeln das Interesse jener Zeit für das Leben und die Gepflogenheiten anderer Völker wider.» Da die Druckkunst im 16. Jahrhundert bereits weit entwickelt gewesen sei und Bücher zwar teuer, aber nicht mehr so rar waren, habe sich dieses Wissen verbreitet – und sei auf diese Weise wohl auch bei den Bildhauern angelangt, die die beiden Türken daraufhin in ihrer so furchtbar unbequemen Haltung schufen, wo sie nun seit Jahrhunderten ausharren müssen – Tag für Tag.

«Die detailreichen Abbildungen spiegeln das Interesse jener Zeit für das Leben und die Gepflogenheiten anderer Völker wider.»

Eva-Maria Bast

So geht's zu den Türkenköpfen:

Sie stützen den Kugelerker an der Kugelgasse 8.

Aepliplatz
Arnold Otto Aepli 1816-1897
Liberaler St.Galler Staatsmann

17

Aepliplatz

St. Galler verhilft Prinzen auf den Thron

Regierungsrat, Kantons- und Bundesrichter, Gesandter in Wien, Belgrad und Bukarest: es gibt viele Ämter, die Arnold Otto Aepli (1816-1897) innehatte. Doch eine Geschichte verraten die weissen Lettern auf dem blauen Schild am Aepliplatz nicht: Es ist eine Geschichte, die einem Krimi gleicht. Mit geflüsterten Gesprächen in Nebenzimmern und verbrannten Briefen. Es ist die Geschichte von Karl, Prinz von Hohenzollern (1839-1914) und Arnold Otto Aepli, der ihm zum Thron verhalf, und sie nahm ihren Lauf im Jahr 1866. Aepli stand damals kurz vor seinem 50. Geburtstag.

Um der Handlung folgen zu können, muss man wissen, dass der Jurist Arnold Otto Aepli im Jahr 1861 massgeblich an der Ausarbeitung der neuen Kantonsverfassung beteiligt war. «Er sass als ehemaliger Justizminister in der Kantonsregierung und schaffte es, zwischen Radikalen und Konservativen zu vermitteln», sagt Hans Ulrich Bosshard, Geschäftsführer der Aepli-Gesellschaft. Dieses Engagement für die friedliche Trennung von Kirche und Staat fiel Fürst Karl Anton von Hohenzollern-Sigmaringen (1811-1885) auf. Er suchte den Kontakt zu Aepli und lud ihn oft auf seinen Landsitz in die Weinburg bei Thal am Bodensee ein. So lernte der St. Galler auch den Prinzen, den Sohn des Fürsten, kennen.

1866 stand Europa kurz vor dem Deutschen Krieg zwischen Preussen und Österreich, es war eine politisch unruhige Zeit. Ausgerechnet vor diesen Unruhen suchte das Rumänische Reich einen neuen Regenten. Das noch junge Fürstentum war 1859 aus den beiden Donaufürstentümern Moldau und Walachei entstanden. Im Jahr 1866 stürzte das Volk den damaligen Fürsten und wählte Karl, Prinz von Hohenzollern, zum neuen Regenten. Er nahm die Wahl im Mai 1866 an. «Das rumänische Volk wollte wohl eine neutrale Person auf dem Thron, weil man sich nicht auf eines der beiden ehemaligen Reiche

Hans Ulrich Bosshard, Geschäftsführer der Aepli-Gesellschaft, am 2013 eingeweihten Aepliplatz.

einigen konnte», erklärt Bosshard. Doch um von Hohenzollern im süddeutschen Raum nach Rumänien zu gelangen, musste der Prinz Österreich-Ungarn durchqueren. «Und hier kommt Aepli ins Spiel», sagt der ehemalige Sekundarlehrer mit einem schelmischen Lächeln. Wie sich die Situation für den Regierungsrat, der damals das politische Departement innehatte, abspielte, ist in seiner tagebuchartigen Aufzeichnung nachzulesen. Im Jahr 1904 hat der damalige Stadtarchivar Johannes Dierauer (1842-1920) diesen Eintrag vom 19. Mai 1866 veröffentlicht. Demnach erhielt Arnold Otto Aepli am Nachmittag des 12. Mai ein Telegramm von einem Vertrauten des Fürsten, der ihn unbedingt sprechen wollte. Aepli traf ihn in noch am selben Abend in einem Zürcher Hotel, wo er ihm einen Brief des Fürsten überreichte und im Flüsterton dessen Inhalt zusätzlich erläuterte. Der Fürst bat Aepli, seinem Sohn und dessen Begleiter je einen St. Galler Pass auszustellen, damit sie in Österreich nicht angehalten werden. Den Brief sollte er später – ganz wie im Krimi – verbrennen. «In der dringendsten Weise ersuchte er mich, seinem Sohne diese Reise möglich zu machen und wies dabei nicht bloss auf seinen Wunsch, sondern auch auf den der Rumänen hin», schrieb Aepli später in seinen Aufzeichnungen. Der Wunsch des Fürsten stürzte den Regierungsrat in ein Dilemma: «Ich befand mich […] in nicht geringer Verlegenheit.» Er fühlte sich einerseits dem Fürsten gegenüber verpflichtet, andererseits konnte er nicht einfach einen Pass auf einen fremden Namen ausstellen, da dies nur der Polizei gestattet war. Dennoch wollte er dem Prinzen helfen. In der Nacht lag Aepli wach und schmiedete einen Plan.

«Im Pass des Prinzen stand der Name Carl Hettingen, was eigentlich nicht illegal war, da Karls Familie Schloss Hettingen in Hohenzollern-Sigmaringen besass und es für Adelige üblich war, sich nach Besitztümern zu nennen, wenn sie inkognito reisten.»

Zurück in St. Gallen weihte Aepli seinen Kollegen, Regierungsrat Eduard Steiger (1821-1881) ein, da dieser das Justizdepartement innehatte, dem die Polizei zugehörte. Steiger ging auf Aeplis Idee ein und organisierte die Pässe bei der Kantonspolizei. «Im Pass des Prinzen stand der Name Carl Hettingen, was eigentlich nicht illegal war, da

Karls Familie Schloss Hettingen in Hohenzollern-Sigmaringen besass und es für Adelige üblich war, sich nach Besitztümern zu nennen, wenn sie inkognito reisten», erklärt Hans Ulrich Bosshard. Zudem rechtfertigte Aepli das Ausstellen des St. Galler Passes in seiner Niederschrift damit, dass der Prinz ja mit der Weinburg in Thal Grundbesitzer im Kanton St. Gallen war. Im Pass wurde Karl als Partikulier (Privatmann) bezeichnet und als Ziel Odessa angegeben. Aeplis Plan ging auf: Am 18. Mai starteten der Prinz und sein Begleiter über München, Salzburg und Linz. Dort bestiegen sie ein Schiff und fuhren auf der Donau in die Walachei. Bereits zwei Tage nach Anbruch der Reise erreichten die beiden ihr Ziel. «Karl wurde 1866 Regent des Rumänischen Reiches und 1881 zum König gekrönt», erzählt Bosshard. Der geheime Pass ist heute im Staatsarchiv in Rumänien aufbewahrt.

Der Platz, an dem die Spiser- und die Turmgasse zusammenführen ist erst seit 2013 nach Arnold Otto Aepli benannt. Im Jahr 2011 gab der St. Galler Historiker Hans Hiller eine Biografie über Aepli heraus. «Dies geschah zum 150-Jahr-Jubiläum der neuen Kantonsverfassung von 1861, an der Aepli ja massgebend beteiligt war», sagt Hans Ulrich Bosshard. «Zum Jubiläum hat es mit der Einweihung des Platzes nicht wie ursprünglich geplant gereicht. Er wurde erst zwei Jahre später eingeweiht.» Der Platz wurde ausgewählt, weil dort Aeplis Geburtshaus steht, das «Haus zur Harmonie» (siehe Geheimnis 21). Aus dem Organisationskomitee des Jubiläums entstand die Aepli-Gesellschaft, die 2015 offiziell gegründet wurde und deren Ziel es ist, das Andenken des Regierungsrates zu bewahren.

Mirjam Bächtold

So geht's zum Aepliplatz:

Er befindet sich an der Ecke Spisergasse/Turmgasse.

Clemens Müller findet es anrührend, dass Schüler ihrem Lehrer zu Ehren diese Steineule im Kantonsschulpark aufstellen liessen.

18

Steineule

Denkmal für einen Lehrer

Still sitzt sie auf ihrem steinernen Buch und betrachtet mit klugen Augen die Passanten, die den Burggraben entlangeilen. *Dem alten Götz seine Schüler.* steht auf der Rückseite der Eulenstele im Kantonsschulpark in den Stein gemeisselt. Der «alte Götz» war der Vadianforscher Ernst Götzinger (1837-1896), der in der zweiten Hälfte des 19. Jahrhunderts am Gymnasium Deutsch unterrichtete. Er muss bei seinen Schülern sehr beliebt gewesen sein, denn zu seinem zehnten Todestag im Jahr 1906 liessen seine einstigen Schüler ihm zu Ehren den steinernen Vogel vor dem Schulhaus aufstellen. «Als ehemaliger Gymnasiallehrer finde ich diese posthume

Ehrung sehr rührend», sagt der klassische Philologe und Kulturhistoriker Clemens Müller. «Und das Symbol, das sie dafür gewählt haben, passt natürlich ganz besonders.» Denn die Eule wird der griechischen Göttin Athene – lateinisch Minerva – zugeordnet. Sie steht für Klugheit, Weisheit und List. Diese Zuschreibung habe wahrscheinlich zwei Gründe, sagt Clemens Müller. «In den Felshöhlen der Akropolis von Athen nisten bis heute Eulen. Der Tempelbezirk aus dem 5. Jahrhundert v. Chr. ist das Haupttheiligtum der Athene.» Die Athener der Antike prägten auf ihre Münzen das Bild einer Eule. Daher kommt der Ausdruck «Eulen nach Athen tragen», was so viel heisst wie etwas Sinnloses zu tun. Gemeint waren einerseits die Vögel, andererseits war «Eule» auch der Begriff für die dortige Währung.
Der zweite Grund für die Zuordnung der Eule zur Göttin Athene komme daher, dass Homer, der Dichter der *Ilias* und der *Odyssee*, die Göttin oft mit dem Beiwort «glaukopis» bezeichnet habe, erklärt der ehemalige Griechischlehrer. Dieses Wort sei wahrscheinlich von «glaukos» abgeleitet und bedeute «mit funkelnden Augen». «Die Volksetymologie brachte es aber mit ‹glaux›, auf Deutsch ‹Eule›, in Verbindung und deutete den Beinamen als ‹die Eulenäugige›», sagt Müller. Da die Eule nachts sehen kann, galt sie auch als Symbol für Scharfsicht. «Manchmal wird Athene mit der Eule gezeigt, der Vogel kann aber auch stellvertretend für die Göttin eintreten und so selbst die Weisheit symbolisieren», erklärt Müller. Deshalb ist sie häufig auch an Häusern und Institutionen zu sehen, die mit Bildung und Gelehrsamkeit zu tun haben, wie etwa an Schulen, Bibliotheken oder Museen, auch in St. Gallen.

Als das Gebäude der heutigen Kantonsschule 1856 gebaut wurde, befanden sich darin neben dem Gymnasium auch die Gewerbeschule, eine Konzerthalle und die Stadtbibliothek. «Es war also so etwas wie ein Bildungs- und Kulturzentrum», sagt Clemens Müller. Auf dem Westgiebel prangte eine Büste der Athene. Diese wurde jedoch in den Dreissigerjahren entfernt und nicht mehr ersetzt. «Man hat die Kantonsschule damals im Rahmen eines Wirtschaftsförderungsprogramms saniert und purifiziert. Viele Ornamente wurden entfernt.» Clemens Müller nimmt an, dass die Büste zerstört wurde, da sie stark verwittert war. Doch ihre Nachkommen – in Form verschiedener

Eulen – sind noch zahlreich in St. Gallen zu sehen: Die beteiligten Institutionen zogen nach und nach aus dem Gebäude am Burggraben aus; heute befindet sich darin lediglich noch das Gymnasium. Fast alle Einrichtungen brachten an ihren neubezogenen Gebäuden ebenfalls Eulen an, um auf ihre Funktion als Stätten der Bildung und Kultur hinzuweisen. So sitzt auf dem Giebel der Bibliothek Vadiana eine fast zwei Meter grosse Eule. An der Ecke der Gewerbeschule in der Kirchgasse prangt sogar eine Doppeleule mit der Inschrift: *Strebe nach Kunst im Handwerk, Weisheit im Leben.* Gegenüber der Kantonsschule, an den 1903/04 errichteten Häusern am Burggraben 26 und 28, sind an der Fassade etwa zehn Eulen angebracht. «Der Architekt liess sich wohl einfach von der Athene an der alten Kantonsschule inspirieren. In den Gebäuden befinden sich jedenfalls keine Bildungsinstitutionen», stellt Clemens Müller fest. Welcher Steinhauer die Eule im Kantonsschulpark gefertigt hat, bleibt ein Geheimnis. Doch wer genau hinschaut, kann am Sockel eine weitere Inschrift erkennen: *Höchstes Glück der Erdenkinder ist nur die Persönlichkeit.* Ein Zitat aus Goethes Werk *West-östlicher Divan*, das für die Schüler vermutlich die von ihrem Lehrer vermittelte Weisheit auf den Punkt brachte.

Mirjam Bächtold

So geht's zur Steineule :

Sie steht im Kantonsschulpark nördlich des Schulgebäudes am Burggraben 21.

Maria Huber-Kobler hat auf dem Gedenkstein im St. Leonhards-Park Platz genommen.

Trudi-Gerster-Gedenkstein 19

Eine Märchenkönigin verewigt

Unscheinbar steht der Steinquader auf dem Kinderspielplatz im Park vor dem Schulhaus St. Leonhard. Auf seiner Oberfläche liegen gemeisselte Äpfel in einer Schale, daneben eine Plakette mit einem QR-Code. Scannt man diesen mit dem Smartphone, hört man gleich darauf die unverkennbare, raue Stimme von Trudi Gerster (1919-2013). Schon die ersten Worte der Aufnahme sind ein Versprechen und machen neugierig. Denn wer die St. Galler Märchenerzählerin kennt, weiss, es folgt eine halbe Stunde Spannung. Der Stein im Park beim Spielplatz gehört zu einer von sechs Märchenstationen, die in der Stadt verteilt sind. Sie alle wurden 2014, ein Jahr nach Trudi Gersters Tod, zu ihrem Gedenken von der Steinbildhauerin Irene Thoma und Schülern der Kunstgewerbeschule St. Gallen gestaltet und aufgestellt. Dass die Märchenerzählerin ein Denkmal erhielt, ist Maria Huber-Koblers Engagement zu verdanken, die für die

CVP im Stadtparlament sass und sich für ein Gedenken an Trudi Gerster stark machte. «Ich habe Trudi Gerster als unerhört lebendige Person erfahren, dank der theatralischen Art, mit der sie Märchen erzählte und die Figuren lebendig werden liess», sagt Maria Huber-Kobler. Sie sei für Kinder wie auch für Erwachsene eine wichtige Sprachvermittlerin gewesen. «Die Kinder dürfen sich in diese farbige, aber auch traurige und gefährliche Märchenwelt einleben und können am Schluss getrost aufatmen, wenn das Gute siegt.» Als ehemalige Heilpädagogin begleitete Maria Huber-Kobler jahrelang Kinder mit sprachlichen Defiziten. «Trudi Gerster hat einen Meilenstein für die Sprachentwicklung und für die Kommunikation zwischen Eltern und Kindern gesetzt», ist sie überzeugt.

Um das Andenken der Märchenerzählerin zu bewahren, brachte Maria Huber-Kobler verschiedene Ideen vor den Stadtrat. Einen Märchenweg auf Drei Weieren mit verschiedenen Stationen schlug sie vor oder ein Trudi-Gerster-Zimmer in der Jugendbibliothek. «Dafür hätte Gersters Tochter sogar Gegenstände wie den berühmten goldenen Märchenthron zur Verfügung gestellt, auf dem ihre Mutter sass, wenn sie Märchen vor Publikum erzählte», erinnert sich die ehemalige Stadtpolitikerin. Doch der Stadtrat fand diese Vorhaben zu aufwendig und zu teuer. Schliesslich bewilligte er das Projekt mit den sechs Steinskulpturen, bei dem die Künstlerin Ingrid Tekenbroek die Leitung übernahm. «Es ist eine wunderbare Art von Denkmal, denn Stein ist etwas Bleibendes. Und trotzdem ist das Material nicht tot. Die Märchen und die darauf spielenden Kinder erwecken es zum Leben.» Jeder Stein steht bei einem Spielplatz oder in einem Park und hat mit einem Märchen zu tun, das Trudi Gerster erzählt hat. Jener im St. Leon-

Die Früchte sehen zwar lecker aus, jedoch würde man sich an ihnen buchstäblich die Zähne ausbeissen.

hardspark stellt den Tisch aus *Tischlein deck dich* dar, in dem ein Bauernsohn einen magischen Tisch geschenkt bekommt, der sich von selbst deckt. «Ein unerhörtes Märchen», findet Maria Huber-Kobler, weil der Vater seine noch jungen Söhne einfach auf sich selbst gestellt in die Ferne schickt. «Und trotzdem hat es mit der Welt unserer Jugendlichen zu tun: Nämlich dann, wenn sie eine Lehrstelle suchen und sich in der Arbeitswelt allein zurechtfinden müssen.» Alle sechs Stationen spielen das gleiche Märchen ab, aber jeden Monat gibt es wieder eine neue Geschichte zu hören. Nach acht Monaten beginnt der Turnus von vorne. Trudi Gerster, die 1919 in St. Gallen zur Welt kam, war nicht nur Märchenerzählerin. Sie liess sich in Zürich zur Schauspielerin ausbilden. Zwischen 1940 und 1945 spielte sie als festes Ensemblemitglied am Theater St. Gallen, wo sie unter anderem das Gretchen aus Goethes *Faust* verkörperte. Nach der Geburt ihrer Tochter 1945 nahm sie mehrere Engagements als freie Schauspielerin an. Ihre Märchen waren zuerst auf Schallplatten, später auf Kassetten zu hören und begeisterten so drei Generationen. Heute sind sie immer noch auf CD erhältlich.
«Mir imponierte Trudi Gerster auch als Politikerin», sagt Maria Huber-Kobler. Im Jahr 1968 wurde sie als eine der ersten Frauen in ein Schweizerisches Parlament gewählt, in den Grossen Rat des Kantons Basel-Stadt, nachdem dessen Stimmbürger als erste in einem Deutschschweizer Kanton 1966 dem Frauenstimm- und -wahlrecht zugestimmt hatten. Gerster setzte sich sehr für den Umweltschutz und gegen das geplante Kernkraftwerk Kaiseraugst ein. Dank ihres Wirkens wurde im Jahr 1980 eine Baumschutzverordnung erlassen. «Trudi Gerster war eine sehr mutige Frau», findet Maria Huber-Kobler. «Diesen Mut verkörpern auch die Protagonisten in ihren Märchen.»

Mirjam Bächtold

So geht's zum Trudi-Gerster-Gedenkstein:

Er befindet sich im Park vor dem Schulhaus St. Leonhard.

Chicorée
Chicorée

20

Kamelerker

Wenn die Namensgeber verschwinden

Wie Sie sehen, sehen Sie nichts. Zumindest keine Kamele. Und das, obwohl der Erker Kamelerker heisst. Er hat seinen Namen aber verdient, denn er wurde einst durchaus von Kamelen geziert. Diese sind nun aber verschwunden. Und das kam so: «Die Spuren führen an die obere Marktgasse zur Hausnummer 22», sagt Dr. Dorothee Guggenheimer vom Stadtarchiv der Ortsbürgergemeinde. «An jener Stelle stand über Jahrhunderte das sogenannte Haus zum Kamel.» Ein ausgesprochen schönes Gebäude sei das gewesen, in das Bürgermeister Ludwig Vogelwaider (vor 1454-1492) einen ungewöhnlich hohen Festsaal einbauen liess. «Einen Erker hatte das Haus damals noch nicht», fährt die stellvertretende Stadtarchivarin mit ihrer Erzählung fort. Den bekam es erst im Jahr 1673, als der Kaufmann Bartholome Stauder das Haus kaufte und sofort einen Erker anbauen liess. Im Bauprotokoll von 1673 ist zu lesen, dass er die Erlaubnis erhielt, vor seiner Wohnstube einen Erker, «nicht höher als die Stubenfenster» zu errichten. Der Auftrag ging an den Holzschnitzer David Friedrich. «1691 wurde das Haus an die Familie Zollikofer weiterverkauft», sagt Dorothee Guggenheimer. «Diese veränderte die Höhe der Stockwerke und damit auch die Fassade.» Doris Bentele, die ein Buch über Erker in St. Gallen geschrieben hat, ergänzt: «Deshalb wurde 1720 auch der Erker um ein Geschoss erhöht. Ausführender war Johannes Friedrich, der Sohn von David Friedrich.» Und nun kommen auch die bis dahin noch nicht vorhandenen Kamele ins Spiel: «Um die Raumhöhe des dahinterliegenden Festsaals zu erreichen, musste Johannes Friedrich zwischen dem unteren und dem oberen Erker einen Mittelteil einfügen, auf dem er eine Szene mit zwei Kamelen und einem Kameltreiber gestaltete», sagt Bentele. Und Dorothee Guggenheimer unterstreicht: «Der Kamelerker galt für fast 200 Jahre als der schönste in der Stadt.» 1919 musste das «Haus zum Kamel» einem Neubau weichen, der neue Besitzer liess

Doris Bentele erzählt anschaulich die Geschichte des Kamelerkers.

es abreissen. Der Kamelerker wurde allerdings gerettet und im «Waaghaus» und später im Schulhaus Talhof eingelagert.

«Erst als 1986 an der Spisergasse ein spätgotisches Haus renoviert wurde, kam der Prunkerker zu neuen Ehren und wurde dort angebracht», erzählt Doris Bentele die Geschichte weiter. «Da die Räume am neuen Standort jedoch zu niedrig waren, musste der namensgebende mittlere Teil mit der Kamelszene weggelassen werden. Er wird heute im Historischen und Völkerkundemuseum St. Gallen aufbewahrt.»

Nachdem 1720 der prachtvolle Kamelerker fertiggestellt war, wurden einige Jahrzehnte lang kaum mehr Erker gebaut. Über die Gründe lässt sich nur spekulieren: War die eher instabile, wirtschaftliche Situation ausschlaggebend? Oder kamen Erker einfach aus der Mode?

Wie Doris Bentele-Baumann in ihrem Buch *Erker der Stadt St. Gallen* schreibt, haben «Erker […] ihren Ursprung in der mittelalterlichen Wehrarchitektur. Aus den an Fassaden angebrachten Vorbauten liess sich die Umgebung gut überblicken. Gleichzeitig waren Erker auch geeignet, Wurfgeschosse abzufeuern.» Erst später seien Erker an zivilen Bauten zu finden gewesen und vor allem in der Spätgotik und der Renaissance nachträglich an Wohnhäusern oder an öffentlichen Bauten angebracht worden. Auch jetzt hatten sie – zumindest teilweise – einen ähnlichen Zweck wie ihre mittelalterlichen Vorgänger: Von hier aus liess sich das Umfeld trefflich beobachten, Reden wurden gehalten und Urteile verkündet (beim Rathauserker) oder, beim Erker des Handelshauses, die aktuellen Preise für den Rohstoff des Leinens bekanntgemacht. Wurfgeschosse feuerte man nun aber keine mehr ab.

«Gelehrten und Kaufleuten bot ein Erkeranbau Gelegenheit, ihren Reichtum und ihre Macht zu präsentieren und mehr Wohnraum zu erhalten», fährt die Buchautorin fort. «An den Brüstungsfeldern konnten sie Wissen und Eindrücke von ihren europaweiten Handelsreisen sichtbar machen. Mit den Kamelen, aber auch mit exotischen Früchten wie Ananas, Artischocken und Granatäpfeln.»

Der Erker war das einzige Statussymbol, das sich der eigentlich so bescheidene St. Galler gönnte: «Wer sich Erker leisten konnte, der hatte es geschafft», unterstreicht Doris Bentele ihre Bedeutung.

Dass der Bau von Erkern gerade im frühen 17. Jahrhundert eine erste Hochblüte erfuhr, sei alles andere als ein Zufall, weiss die Autorin. Denn: «In dieser Zeit wuchs die Leinwandproduktion, mit der die Stadt St. Gallen zu Reichtum und Bekanntheit gelangte, stark an.» Während des darauffolgenden Einbruchs der Leinwandproduktion seien hingegen nur noch wenige schlichte Erker und schliesslich gar keine mehr entstanden: Die Leinwandproduktion und der Export gerieten in eine Krise, «von der sie sich nie mehr erholten. An ihre Stelle trat nach schwierigen Jahrzehnten die Baumwollverarbeitung, die St. Gallen finanzielle Erholung und anhaltenden Ruhm bescheren sollte», wie die Autorin schreibt. Daraus habe sich die Stickerei entwickelt, deren Blüte St. Gallen um 1900 einen erneuten Bauboom brachte (siehe Geheimnis 02). «Anstelle von Stadttoren und baufälligen Häusern wurden nun in der Innenstadt Jugendstil-Geschäftshäuser erbaut. Im neuen Quartier Rosenberg entstanden die prachtvollen Villen der Stickereifabrikanten. Erker waren dabei von Anfang an ein integrierter Bestandteil des Gebäudes», fährt Doris Bentele fort. «Dem neuen Stil entsprechend, wurden die Hausfassaden und die Erker nun von dekorativen Motiven überzogen, deren florale und geometrische Muster wiederum eng an die St. Galler Stickerei geknüpft sind.» All diese Entwicklung hat der Kamelerker nicht mitbekommen: Zu diesem Zeitpunkt befand er sich noch in tiefstem Dornröschenschlaf.

Eva-Maria Bast

So geht's zum Kamelerker:

Er befindet sich am Gebäude Spisergasse 22.

Zur Harmonie.
16

21

Haus zur Harmonie

Ein Tagebuch als Selbstkritik

Wenn eine Historikerin in einem historischen Gebäude lebt, ist es naheliegend, dass sie sich für dessen Geschichte interessiert. Das ist auch bei der Mitarbeiterin des Stadtarchivs der Ortsbürgergemeinde, Nicole Stadelmann, nicht anders: Sie wohnt im «Haus zur Harmonie» und als sie herausfand, dass Ulrich Bräker (1735-1798), auch bekannt als «der arme Mann aus dem Toggenburg», hier häufig als Gast weilte, war sie vollkommen fasziniert. «Bräker ist ziemlich bekannt in der Schweiz, weil er Tagebücher und auch seine Lebensgeschichte aufschrieb», sagt Nicole Stadelmann.

Ulrich Bräker wächst in sehr armen Verhältnissen auf dem abgelegenen Alpgut Dreyschlatt auf und hat acht, anderen Quellen zufolge elf jüngere Geschwister. «Seine Eltern waren mittellos, er war als Viehbub für die Ziegen seines Vaters unterwegs und hatte keine gute Schulbildung», sagt Nicole Stadelmann und Sam Voellmy schreibt in der *Allgemeinen Deutschen Biographie*: «Während 6 Jahren lernte der Knabe in je 10 Wochen winters lesen, schreiben, rechnen. In der übrigen Zeit war er Ziegenhirt.» Im Jahr 1754 zieht die Familie nach Wattwil, Ulrich Bräker verdingt sich als Tagelöhner und wird 1755 Diener eines preussischen Werbeoffiziers in Schaffhausen. «Ein Freund hatte ihm erzählt, dass ein reicher Schaffhauser einen persönlichen Diener suche. Er bewarb sich um die Anstellung und hatte Glück.» Doch dann wird er – gegen seinen Willen – zum Solddienst verpflichtet und muss in der Armee Friedrichs II. (1712-1786) in der Schlacht von Lobositz am 1. Oktober 1756 kämpfen. «Es gelang ihm zu desertieren, er kam wieder zurück und heiratete», erzählt Nicole Stadelmann weiter. «Die Ehe war kinderreich, aber nicht wahnsinnig glücklich, seine Frau fand das Schreiben und das Lesen unnütz.» Und damit einen ganz grossen und wichtigen Teil von Ulrich Bräkers Leben: Denn das Schreiben und das Lesen ist das, wofür sein Herz schlägt, wofür er brennt. Und genau

Nicole Stadelmann wohnt im «Haus zur Harmonie» und hat seine Geschichte recherchiert.

dafür, für seine aufklärerische Haltung und für seine literarischen Werke wird er, wenn auch nicht von seiner Frau, so doch von anderen Weggefährten, hochgeschätzt. «Er war sehr pietistisch veranlagt. Deshalb begann er auch, Tagebuch zu schreiben. Das war für ihn eine Selbstrechtfertigung, eine Beichte vor Gott», erläutert Nicole Stadelmann. «Sein Gedanke war: Man schreibt seine Sünden ins Tagebuch, um sich selbst kontinuierlich zu verbessern.» Eine Ansicht, die er mit dem 22 Jahre jüngeren Daniel Girtanner (1757-1844) teilt – ebenso wie die Leidenschaft für das Tagebuchschreiben. Die beiden lernen sich vermutlich in St.Gallen kennen, wo Girtanner als wohlhabender Bankier lebt und wohin Bräker als Garnhändler häufig von seinem Wohnort Wattwil aus kommt. «Sie hatten die gleiche Vorstellung vom Glauben, von der Bedeutung der Natur und wie Bräker versuchte sich auch Girtanner als Aufklärer», fasst Nicole Stadelmann zusammen. «Nach ihren Vorstellungen versucht man immer, sich selbst zu optimieren und der bestmögliche Mensch zu sein. Und deshalb schreibt man auch Tagebücher, um sich selbst zu überwachen.»

Wann immer Bräker nach St.Gallen kommt – Tagebüchern zufolge war das 97 Mal – frühstückt er mit Girtanner im «Haus zur Harmonie», die beiden tauschen sich aus, lassen einander an ihren Gedanken teilhaben und gewähren sich gegenseitig Einsicht in die Tagebücher. «Girtanner hat Bräker auch finanziell unterstützt. Denn der blieb immer arm und in den 1790er-Jahren lief das Garnwollgeschäft nicht mehr gut», sagt Nicole Stadelmann. «Es war ein freundschaftlicher Austausch. Und über das ‹Haus zur Harmonie› schrieb Girtanner an Bräker, dass er in einer Behausung des Friedens wohne.» Nomen est eben doch Omen.

Eva-Maria Bast

So geht's zum Haus der Harmonie:

Es steht an der Spisergasse 16.

Die Kathedrale St. Gallen war ein beliebtes Sujet. Auch auf diesem Jugendstilfenster an der Spitalgasse ist sie zu finden.

22

Jugendstilfenster

Wiener Kaffeehaus-Charme an der Spitalgasse

Kaum jemandem fällt die grüne Stahlkonstruktion mit den bunten Fenstern auf, die an das Haus an der Spitalgasse 4 angebaut ist. Erst wenn man die Buchhandlung betritt, leuchten einem die Fenster im ersten und zweiten Stock besonders an sonnigen Tagen entgegen. Die Kathedrale des ehemaligen Benediktinerklosters ist auf einem der Fenster dargestellt und sofort zu erkennen. Auch der Säntis mit der alten Wetterwarte ist ein hier bekanntes Sujet. Die Fenster im zweiten Stock zeigen Sehenswürdigkeiten aus der Schweiz wie den Schillerstein am Vierwaldstättersee und die Festung Munot bei Schaffhausen. Auffälliger sind die Motive im ersten Obergeschoss: Dort sieht man Pyramiden, Palmen und orientalische Häuser. «Wir vermuten, dass es sich um Motive aus Ägypten handelt», sagt Niklaus Ledergerber, Denkmalpfleger der Stadt

St. Gallen. Beschriftet hat der Künstler, ein Glasmaler namens G. Graf aus Kreuzlingen, nichts.

Die Fenster wurden ursprünglich für ein Kaffeehaus im Wiener Stil gestaltet. Dessen Betreiber, Theodor Neumann, kam 1902 aus Wien nach St. Gallen, wo er an der Spitalgasse 4 «Neumann's Wiener Café» eröffnete. Den Stahlanbau mit den Fenstern gab es damals noch nicht, der sei im Jahr 1909 entstanden, sagt Ledergerber. Er diente als eine Art Séparée für die Gäste des Cafés. Der Entwurf dazu stammt von Architekt Albert Goetschi (geb. 1878), einem in St. Gallen wenig bekannten Architekten, der mit dem Anbau allerdings ganz auf der Höhe seiner Zeit war: Anfang des 20. Jahrhunderts, der Hochblüte des Jugendstils, waren Stahlkonstruktionen und Buntglasfenster in. Als Vorbild dienten die eigens für die Weltausstellung 1900 in Paris konzipierten Pavillons aus Eisen und Glas. «Die Kunstverglasungen an der Spitalgasse gehören zu den wertvollsten Jugendstilfenstern in der Stadt und sind auch entsprechend geschützt», sagt Ledergerber. Weshalb der Künstler oder aber Neumann ägyptische Motive ausgesucht hat, ist für den Denkmalpfleger schwierig zu beantworten. «Zum einen waren orientalische Motive in jener Zeit sehr beliebt. Zum anderen fanden während dieser Zeit wichtige Ausgrabungen statt, die Ägyptologie war hier ein grosses Thema.» Mit den Motiven habe man vielleicht die internationale Kundschaft der Stickereibranche auf die Schweizer Sehenswürdigkeiten hinweisen wollen.

Niklaus Ledergerber in der Buchhandlung vor dem Fenster mit dem Säntis.

Neumanns Café blieb nicht lange an der Spitalgasse. Im Jahr 1913 siedelte der Wirt an die Bahnhofstrasse über, ins Haus des heutigen

Café Seeger. Dort begann die eigentliche Blütezeit des Geschäfts. Im gleichen Jahr wurde das Séparée zum Raum hin geöffnet. Als das an der Spitalgasse 2 eingemietete Musikgeschäft expandierte, und die Spitalgasse 4 (wo das ehemalige Kaffeehaus eingemietet war) ebenfalls übernahm, wurden die Fenster mit Stellwänden für die Verkaufsauslage verdeckt. Bei jenen im ersten Stock brach man sogar die unteren Scheiben heraus und ersetzte sie durch Flügelfenster, die man zum Lüften öffnen konnte. Irgendwann gerieten die Jugendstilfenster in Vergessenheit.

«In den 1980er-Jahren war das ganze Haus so baufällig, dass man beschloss, es abzureissen und durch einen Neubau zu ersetzen», sagt Niklaus Ledergerber. Es gab einen Architekturwettbewerb, Sieger war die Firma Nüesch Architekten. Ihr Plan sah vor, das Haus originalgetreu wiederaufzubauen und die wertvolle Jugendstilfassade zu integrieren. Die Arbeiten begannen 1983. Da die Fenster damals bereits zu den schützenswerten Bauten gehörten, wurden sie vom Glasmaler Albin Engeler restauriert. «Während vor 1983 die schöne Seite der Fenster nach aussen zeigte, zeigte sie nach der Restaurierung nach innen. Zudem schützt eine aussen angebrachte klare Scheibe das Buntglas vor Verwitterung.» Die fehlenden Fensterteile wurden nach dem Vorbild aus dem oberen Stockwerk wiederhergestellt. Heute ist in den Häusern an der Spitalgasse 2 und 4 eine Buchhandlung eingemietet. Sie hat die Fenster nicht mehr durch Regale verdeckt. Nun kommen sie wieder gut zur Geltung, besonders morgens, wenn die Sonne von Osten durch das Glas scheint.

Mirjam Bächtold

So geht's zu den Jugendstilfenstern:

Sie befinden sich an der Spitalgasse als Anbau der Buchhandlung Orell Füssli und sehen von innen schöner aus als von aussen.

23

Wergerker

Zwei reiche Brüder und Leinwandhändler

Z0 000 Kilometer sogenannte «gute Tuche», also hochwertige Leinwandprodukte! Das ist so viel Stoff, dass man damit die halbe Weltkugel umspannen könnte. Was 20 000 Kilometer Leinen mit dem Handelshaus neben der Kirche St. Laurenzen, genauer, mit dem einstöckigen, spätgotischen Erker, der etwa auf halber Höhe an der Südfassade angebracht ist, zu tun haben, weiss die Historikerin Dr. Dorothee Guggenheimer vom Stadtarchiv der Ortsbürgergemeinde zu erzählen: «Über viele Jahrhunderte hinweg hatte dieser Erker, den die Jahreszahl 1641 schmückt und der durch seine schlichte Eleganz besticht, eine zentrale Bedeutung für den Leinwandhandel der Stadt. Seit 1667 wurde der Bevölkerung von diesem Erker aus einmal im Jahr die sogenannte Werckhmarcktsordnung vorgelesen.» Die Werckhmarcktsordnung oder auch Wergordnung legte die gesetzlichen Regeln für den Handel mit Flachs und «Werg», den Rohstoffen der Leinenindustrie, fest. So wurden an diesem zentralen Ort Preisrichtlinien verkündet sowie spekulative Aufkäufe und Zwischenhandel verboten. Die Abwicklung der Geschäfte fand auf dem Platz zwischen dem Handelshaus und der Kirche St. Laurenzen statt.

Der Leinwandhandel bildete über Jahrhunderte hinweg das Rückgrat der gesamten Ostschweizer Wirtschaft. «Die in St. Gallen und der Umgebung hergestellten Tuche waren im 16. Jahrhundert das wichtigste Exportgut der gesamten Eidgenossenschaft», konstatiert die Historikerin. «Die besten Produkte, die sogenannten guten Tuche, wurden in aller Herren Länder exportiert und ermöglichten den St. Galler Händlern einen enormen Reichtum.» Allen voran den Gebrüdern Schlumpf und den ursprünglich aus Konstanz stammenden Brüdern Hans und Jobst Zollikofer, welche in der ersten Hälfte des 15. Jahrhunderts das Bürgerrecht der Stadt St. Gallen erwarben und zu einer der führenden Familien im Leinwand-Grosshandel aufstiegen.

Dorothee Guggenheimer präsentiert den spätgotischen Wergerker an der Turmgasse.

Auch die Familien von Watt (Vadian) und Zili verdankten ihren ökonomischen und politischen Aufstieg dem einträglichen Leinwandhandel. Selbst die Privatbank Notenstein hat ihre Anfänge in dieser textilen Blütezeit.

«Mass aller Dinge war der sogenannte Leinwandreif, das Grundmass der St. Galler Leinwand, der am Wergmarkt in der Turmgasse zum Einsatz gelangte und ausserhalb des Marktes in der Laurenzenkirche aufbewahrt wurde», berichtet Dorothee Guggenheimer. «Hier habe man die gehandelte Leinwand nachmessen können. «So konnten sich die Käufer mithilfe des Reifs davon überzeugen, dass der Händler sie nicht übers Ohr hauen wollte.»

Vom Wergerker aus wurde jedes Jahr die städtische Wergordnung vorgelesen.

Die in St. Gallen hergestellten Tuche waren im 16. Jahrhundert das wichtigste Exportgut der Eidgenossenschaft – und Daniel Schlumpf, dem das Haus mit dem Erker gehörte, galt als einer der reichsten Tuchhändler der Stadt. Nach seinem Tod vererbte er das Handelshaus seinen Kindern. Unter Schlumpfs Nachkommen blieb es lange Zeit Geschäftssitz der Firma «Kaspar Schlumpfs Erben», eine der grössten St. Galler Handelsfirmen.
Als Folge des Dreissigjährigen Kriegs (1618-1648) ging die Firma jedoch im Jahr 1644 in Konkurs. Die Insolvenz schlug so hohe Wellen, dass sie selbst an der eidgenössischen Tagsatzung, dem damaligen eidgenössischen Parlament, zum Thema wurde. Die Familie Schlumpf verlor ihr gesamtes Hab und Gut, auch das stattliche Handelshaus. Es wurde verkauft und wechselte mehrmals den Besitzer. Der

Dreissigjährige Krieg war ein erster Vorbote des sich langsam ankündigenden Zusammenbruchs des Ostschweizerischen Leinwandhandels, der sich in den Jahren 1760 bis 1770 vollzog und vom Baumwollhandel abgelöst wurde.

Im Zuge der Stadterneuerung im späten 19. und frühen 20. Jahrhundert, die mehr Licht und Luft in die alten Gassen und Gemäuer bringen sollte, erfuhr die Westfassade einschneidende Veränderungen: So wurde ein eingeschossiger Erker geopfert und durch einen massiveren zweigeschossigen ersetzt. «Zum Glück blieb die Südfassade zur Turmgasse hin weitgehend im spätgotischen Urzustand erhalten», freut sich Dorothee Guggenheimer. «Auch die hölzerne Eingangstüre an der Turmgasse setzt ein städtebauliches Zeichen und besticht durch ihre schlichte Schönheit. Sie kündet stumm von Zeiten, als sich auf dem Platz vor dem Gebäude die St. Galler Tuchhändler versammelten, wo die alljährliche Werckhmarcktsordnung verkündet wurde.»

«Zum Glück blieb die Südfassade zur Turmgasse hin weitgehend im spätgotischen Urzustand erhalten.»

Markus Wigert

So geht's zum Wergerker:

Er befindet sich am Gebäude Turmgasse Nr. 1 und ist von der Laurenzenkirche aus besonders gut zu sehen.

JOHANNES KESSLER
1502–1574
FREUND UND HELFER VADIANS
FÖRDERER DER REFORMATION
HAUPT DER ST. GALLER KIRCHE
SCHRIEB DIE SABBATA

24

Tafel

Zufälliges Treffen mit Luther

Rezia Krauer, Historikerin und Leiterin der Forschungsstel- le Vadianische Sammlung der Ortsbürgergemeinde St. Gallen, ist allein schon qua Amtes eine Koryphäe für alles, was die Reformation angeht. Und so verwundert es nicht, dass sie sich nicht nur bestens mit Vadian (siehe Geheimnis 31), sondern auch mit dem zweiten Mann, der für die Einführung der Reformation in St.Gallen von grosser Bedeutung war, auskennt: Johannes Kessler (1502/03-1574). Der ist ein echtes St.Galler Kind, hier kommt er zur Welt, hier wächst er in bescheidenen Verhältnissen auf, hier besucht er die Lateinschule und dann, weil der Lateinunterricht für Münsterchorsänger kostenlos ist, die Klosterschule.

Es folgt 1521 ein Studium an der Universität Basel, wo er Erasmus von Rotterdam (1466/69-1536) begegnet. «Spätestens dort hörte er zum ersten Mal von den Schriften eines gewissen Luther, von ihm war an der Universität überall die Rede», erzählt Rezia Krauer mit Blick auf eine zwar sehr schöne, aber doch weitgehend in Vergessenheit geratene Gedenktafel für Johannes Kessler. «Er wollte Luther kennenlernen und machte sich gemeinsam mit seinem Weggefährten Wolfgang Spengler auf den Weg nach Wittenberg.» Bei Jena werden sie von einem heftigen Gewitter überrascht und flüchten sich auf den Rat eines Einheimischen hin ins Gasthaus «Schwarzer Bären». Die Gaststube ist menschenleer, nur ein einziger Mann, ein Ritter, lesend, sitzt darin. Kessler notiert später: «Der grüezet uns fruntlich, hiess uns herfur zue ihm an den tisch sitzen … Bald fieng er an zu fragen, wannen wir geburtig werend, doch gab er im selbst antwurt, ihr sind Schwitzer, wannen seid ihr uss dem Schwitzerland? Antwurten wir, von St.Gallen.» Im weiteren Gespräch versichert der Mann ihnen, sie würden in Wittenberg «guet landslut» aus St.Gallen finden. Doch die beiden jungen Männer wollen ja nicht ihre Landsleute, sondern Luther treffen und fragen den lesenden Ritter, ob der denn in Wittenberg zu finden sei, «worauf

Rezia Krauer hat sich intensiv mit der Geschichte von Johannes Kessler beschäftigt.

ihnen der Ritter das Studium bei Philippus Melanchthon (1497-1560) empfahl, auch das Studium der alten biblischen Sprachen», schreibt Walter Frei im *Kirchenboten*. Der Ritter will von den beiden auch wissen, wie die Schweizer denn über Luther dächten und die Männer antworten: «Min herr, es sind (wie allenthalben) manigerlay manungen, ettlich konnend ihn nitt genugsam erheben und Gott dancken, das er sin warhait durch ihn geoffenbaret und die irrthumb zue erkennen geben hatt, ettlich aber verdammen ihn als ainen unlidigen ketzer und bevor die gaistlichen.» Und dann steht plötzlich der Wirt am Tisch und bittet Kessler, ihn vor die Tür zu begleiten. Der folgt ihm verwundert, fürchtet schon, er habe ein unschickliches Verhalten an den Tag gelegt, doch der Wirt steckt ihm, dass der lesende Ritter kein Geringerer als Luther sei. Er hatte mitbekommen, dass die beiden Männer nach dem Reformator gefragt hatten. Kessler glaubt ihm nicht, ist sicher, dass der Mann sich einen Scherz mit ihm erlaube. Drinnen am Tisch flüstert er seinem Freund die Neuigkeit zu, der ebenso ungläubig reagiert. Der Fremde zahlt die Zeche für die beiden Reisenden und trägt ihnen auf: «So ihr gen Wittenberg kommen, grüezend mir den Hieronymus Schurpffen.» Als die beiden Schweizer wissen wollen, von wem sie denn grüssen sollen, erwidert der Ritter: «Sagend nitt mer, dann, der kommen soll, lasset üch grüssen, so verstat er die wort bald.» Und als sie dann schliesslich und endlich in Wittenberg ankommen und Hieronymus Schürpf aufsuchen, treffen sie dort ebenfalls auf Luther. Der hat sich im Gasthaus vermutlich auch deshalb nicht zu erkennen gegeben, weil er sich als Junker Jörg auf der Wartburg versteckte: Auf dem Rückweg vom Reichstag zu Worms erfuhr er im April 1521, dass man die Reichsacht über ihn verhängt hatte. Er versteckt sich also in Verkleidung auf der Wartburg, entscheidet dann aber, ungefähr zum Zeitpunkt des Zusammentreffens mit den beiden Schweizern, nach Wittenberg zurückzukehren als Junker Jörg.

«Als Kessler wieder in seiner Heimat lebte, konnte er sich, weil er sich der Reformation und ihren Anliegen so stark angeschlossen hatte, nicht mehr zum Priester weihen lassen», erzählt Rezia Krauer weiter, «stattdessen machte er eine Sattlerlehre.» Doch seine Kollegen sind fasziniert von dem jungen Mann und der neuen Lehre. «Zum geistlichen Lehrer seiner Mitbürger wurde Johannes Kessler nicht durch einen Auftrag der Obrigkeit, sondern durch den Wunsch lernbegieriger Männer. Ihrer ein Dutzend, darunter die Geistlichen Miles und Wetter, luden ihn am Neujahrstag 1525 zum Essen ein und trugen ihm dann ihre Bitte vor, er möge ihnen helfen, die Heilige Schrift zu lesen und zu verstehen, damit sie besser als bisher in der Wahrheit des christlichen Glaubens unterrichtet würden», schreibt Ehrenzeller in der *Geschichte der Stadt St. Gallen*. «Sein unmittelbarer Anteil an der stadt-st.gallischen Reformation bestand in der Auslegung des Bibelwortes für breiteste Volkskreise.»

Und Kessler greift auch zu Stift und Feder, schreibt zum Beispiel die Reformationschronik der Stadt St. Gallen und eine Biografie über seinen Freund Vadian (1484-1551). Er ist ein offener Geist, lässt auch die Meinungen Andersdenkender gelten und als Vadian stirbt, führt er dessen Engagement für die Reformation weiter und sorgt dafür, den reformatorischen Glauben in St. Gallen zu festigen. «Im Grunde führte er die Anstrengungen Vadians für die Reformation nach dessen Tod weiter», bringt es Rezia Krauer auf den Punkt. «In St. Gallen wirkte er als lateinischer Schulmeister, Stadtpfarrer und ab 1571 als Vorsteher der St. Galler Kirche.»

Rezia Krauer findet es schade, dass dieser bedeutende Mann der Reformation inzwischen so stark in Vergessenheit geraten ist. Und so erinnert nur noch eine kleine Gedenktafel an den grossen Reformator, der einst Luther traf – per Zufall, bei einem Gewitter.

Eva-Maria Bast

So geht's zur Gedenktafel:

Das Relief hängt am sogenannten Stadthaus, Gallusstrasse 14.

In Memoriam.
DIE LIEBE IST STARKER
ALS DER TOD
Ludwig Moritz
Zellweger
geb. in St. Gallen am 27 August 1875
gest. in New-York am 19. April 1902.
Georg Max
Huber
geb. in St. Gallen am 4 Dezemb. 1878
gest. in New-York am 25. April 1902.
DIE IM LEBEN VEREINT,
SIND AUCH IM TODE
NICHT GESCHIEDEN.

Marmorsarkophag

Grabstein auf dem Uni-Campus

Im Park unterhalb der renommierten Wirtschaftsuniversität HSG stösst man unvermittelt auf einen stattlichen Grabstein aus bestem italienischem Marmor. Der rötliche Steinquader mit der bronzenen Grabplatte wirkt wie ein Solitär, wirft Fragen auf und verbirgt mehr als nur ein Geheimnis. Ein Grabstein auf einem Uni-Campus? Wer sind die beiden jungen Männer, deren Namen auf der Bronzeplatte eingraviert sind? Weshalb wurden sie nicht auf einem öffentlichen Friedhof bestattet? «In St. Gallen findet man nur ganz wenige Gräber von bekannten Persönlichkeiten, diese beiden Junggesellen aber haben einen beeindruckenden Sarkophag erhalten», konstatiert Historiker Peter Müller, «und sie haben mit dem auffälligen Sarkophag auch eine gewisse Unsterblichkeit erlangt.» Müller kennt auch die Antwort auf die Frage, warum die beiden nicht auf einem öffentlichen Friedhof ruhen: «Als das Grab angelegt wurde, lag es auf einem Privatareal im Besitz von Paul Korchhofer, einem Onkel von Zellweger, einem der beiden Verstorbenen. Mit der Schenkung des Areals 1930 übernahm die Stadt die Verpflichtung, das Grab zu pflegen.Für das Anlegen des Grabes brauchte es wohl eine spezielle Bewilligung.»

Bei näherer Betrachtung der Namen fällt auf, dass beide, Ludwig Moritz Zellweger (1875-1902) und Georg Max Huber (1878-1902), nicht lange lebten. Der eine wurde 27 und der andere gar nur 24 Jahre alt. Sie starben 1902 während eines New York-Aufenthaltes im Abstand von wenigen Tagen. Was war geschehen?

DIE LIEBE IST STÄRKER ALS DER TOD und *DIE IM LEBEN VEREINT, SIND AUCH IM TODE NICHT GESCHIEDEN.* Die Inschriften auf dem mysteriösen Stein veranlassten den verstorbenen St. Galler Journalisten und Theologen Josef Osterwalder zu Spekulationen über das Verhältnis der Cousins. «Haben die beiden Sinnsprüche mehr zu bedeuten als die üblichen Widmungen auf einem Grab-

Der Marmorsarkophag auf dem Campus unterhalb der Universität St. Gallen.

stein?» fragte sich der stadtbekannte Lokaljournalist in einem Beitrag im *St. Galler Tagblatt*. Zwei junge Männer in einem Grab? Seine Fragen nach der Beziehung der beiden blieben unbeantwortet. «Während des Textilbooms von 1865 bis 1914 war es üblich, die Söhne von Stickereiunternehmern zur Ausbildung in die ferne USA zu schicken, vor allem New York war ein Hot Spot dieses Geschäftes», schildert Peter Müller die historischen Hintergründe.

Der Geschichte wohnt eine doppelte Tragik inne, wie sich bei der Recherche der Fakten herausstellt: Willy Nef, ehemaliger Kantonsschullehrer und HSG-Dozent, schildert in seinem Büchlein *St. Gallen vor der Jahrhundertwende* aus dem Jahr 1955 das volle Ausmass der Tragik. Der Textilindustrielle Max Hofmann, Hauptleiter des Stickereihauses Union, verlor früh seinen einzigen Sohn. Weil jetzt sein designierter Nachfolger fehlte, setzte er die Hoffnungen in seine beiden Neffen Ludwig Moritz und Georg Max. In New York hätten sie sich ins Amerikageschäft einarbeiten sollen. Doch sie kehrten nie zurück: Mit dem unerwarteten Tod der beiden verlor Max Hofmann zum zweiten Mal seine Hoffnungsträger durch verhängnisvolle Umstände. Über die Todesursache der Cousins kursieren zwei verschiedene Versionen. Während das *St. Galler Tagblatt* in seiner Ausgabe vom 28. April 1902 von einer Lungenentzündung berichtet, schreibt Willy Nef in seinem Büchlein von einer Typhusinfektion, verursacht durch verschmutztes Trinkwasser, damals vor allem in grossen Städten ein weit verbreitetes Problem. Der ehemalige Kantonsschullehrer, selbst Sohn eines Stickereiindustriellen, war ein enger Jugendfreund der Verstorbenen. Ob die beiden die in sie gesetzten

Der Historiker Peter Müller vom Historischen und Völkerkundemuseum St. Gallen erklärt die Geschichte des auffälligen Grabsteines.

Hoffnungen erfüllt hätten, wird man nie erfahren. Möglicherweise hätte sie der USA-Aufenthalt negativ beeinflusst und verändert. Nef kritisiert in seinem Büchlein die auffällige Wichtigtuerei derjenigen, die im Gegensatz zu den Cousins aus den Staaten wieder in die Schweiz zurückkehrten: «Sie sprachen Englisch mit dem leicht näselnden amerikanischen Akzent und lächelten über die bescheidenen kulturellen Leistungen der Heimatstadt, die nun allerdings nur mit einem kleinen Theater und oft etwas holprigen Symphoniekonzerten aufwarten konnte.» Diese Leute, so Nef, vermissten in St. Gallen «phänomenale Ballette mit Dutzenden netten Girls» und «gigantische Konzerte, in denen acht Virtuosen auf acht Flügeln zusammen Beethoven spielten». Peter Müller fügt hinzu: «Die jungen Textiler und USA-Rückkehrer waren damals vor allem im altehrwürdigen ‹Hotel Hecht› am Marktplatz anzutreffen, welches heute nicht mehr existiert. Sie zelebrierten dort den amerikanischen Lebensstil, den sie sich während der Ausbildung angeeignet hatten.»

Markus Wigert

So geht's zum Marmorsarkophag:

Der Marmorsarkophag befindet sich auf dem Campus der Universität St. Gallen (HSG) an der Dufourstrasse 50.

Patrik Schnitzer auf der besser zugänglichen Seite des Hoffmann-Hauses an der Schwertgasse.

26

Hoffmann-Haus

Die Neutralität der Schweiz verletzt

Dem altrosa gestrichenen Haus an der Torstrasse sieht man nicht an, welche Berühmtheit hier einst wohnte. Die goldene Plakette neben der Haustür ist klein und man muss nahe herantreten, um die Inschrift lesen zu können. *Dieses Haus wurde erbaut durch den Ständerat Dr. Carl Hoffmann [...]. Sein Sohn Dr. Arthur Hoffmann, Bundesrat von 1911-1917, lebte und arbeitete ebenfalls hier*, steht auf der Tafel. Beide Politiker führten in diesem Haus ihre gemeinsame Anwaltskanzlei und wohnten zeitweise in den oberen Stockwerken. Dass Carl Hoffmann das Haus erbaut hat, lässt sich jedoch anhand der vorhandenen Quellen nicht einwandfrei belegen. Klar ist aber, dass es 1848 anstelle der alten Stadtmauer entstand.

Arthur Hoffmann (1857-1927) war ein Volksvertreter, auf den man in St. Gallen heute nicht mehr unbedingt stolz ist. Dabei hatte seine Karriere so glanzvoll begonnen: «Er war ein bekannter und sehr einflussreicher Politiker, auf Kantons- und auf Bundesebene», sagt Patric Schnitzer, Archivar im Staatsarchiv St. Gallen. Aber während des Ersten Weltkriegs fällte Hoffmann einen Entscheid, der ihn sein Amt als Bundesrat und einen Teil seiner Reputation kosten sollte. Doch der Reihe nach.

Wie schon sein Vater, der ebenfalls Politiker war, studiert auch der junge Arthur Hoffmann Jura und wird Anwalt. Die beiden arbeiten gemeinsam in Carl Hoffmanns Kanzlei. Politisch ist Arthur Hoffmann 1894 massgeblich an der Gründung der Freisinnig-Demokratischen Partei (FDP) der Schweiz beteiligt, deren Vorstandsmitglied er bis 1907 bleibt. Er sitzt zwischen 1886 und 1911 im Grossen Rat des Kantons St. Gallen und von 1896 bis 1911 gleichzeitig im Ständerat. Seine grösste Errungenschaft ist die Erarbeitung des Schweizerischen Zivilgesetzbuches ZGB, dessen Entstehung er als Präsident der Ständeratskommission entscheidend mitprägt. Bei seinen politischen Erfolgen habe er zweifelsohne auch vom Prestige seines Vaters, der ebenfalls Ständerat war, profitiert, heisst es im *Lexikon der Schweizer Bundesräte*. Der deutschstämmige Carl Hoffmann war 1881 in den Bundesrat gewählt worden, lehnte diese Wahl jedoch aus familiären Gründen ab. Nicht so Arthur Hoffmann. Er schafft es 1911 mit einem Glanzresultat in die Schweizer Regierung. Von 192 gültigen Stimmen der Bundesversammlung erhält Hoffmann 186, was knapp 97 Prozent aller Parlamentarier entsprach. «Wie unbestritten seine Wahl und seine Person waren, zeigten auch die Bravo-Rufe, mit denen die National- und Ständeräte das Ergebnis quittierten. Nach dem Dank versprach Hoffmann, dass er bestrebt sein werde, ‹in schlichter, unverdrossener Arbeit meine Pflicht zu tun›. Dabei wolle er ‹stets nur das Wohl des ganzen Vater-

Die Vorderansicht des Hauses. Heute befinden sich darin Wohnungen.

landes vor Augen halten›», zitiert das *Lexikon der Schweizer Bundesräte* seine Ansprache nach der Wahl.

Worte, die im Jahr 1917 einen bitteren Beigeschmack erhalten. Arthur Hoffmann befindet sich mittlerweile in seinem sechsten Jahr als Bundesrat, hatte bereits das Justiz- und Polizeidepartement und später das Militärdepartement inne und ist nun Leiter des Politischen Departements (dem heutigen Departement für auswärtige Angelegenheiten). Europa ist vom Ersten Weltkrieg geschwächt und in der Schweiz spalten die soziale Frage sowie erstmals auch der Sprachenkonflikt die Nation: Während die Deutschschweiz mehrheitlich auf einen Sieg der Deutschen hofft, wünscht sich das Gros der französischsprachigen Welschen einen Sieg der Franzosen. «Die Spannung zwischen der Deutsch- und der Westschweiz verschärfte sich zusätzlich dadurch, dass der deutschfreundliche Ulrich Wille zum General ernannt wurde, und der ebenfalls den Deutschen freundlich gesinnte Hoffmann das Politische Departement übernommen hatte», schildert Patric Schnitzer die Hintergründe. Zudem sei damals nur ein Westschweizer im Bundesrat vertreten gewesen, was die Stimmung unter den Sprachgruppen zusätzlich verschlechterte.

Vor diesem Hintergrund handelt der sonst stets korrekte Hoffmann im Alleingang ohne das Wissen seiner Kollegen im Bundesrat: Er schliesst sich mit Robert Grimm (1881-1958) zusammen, der für die Sozialdemokraten im Nationalrat sitzt. Dieser reist im Mai 1917 nach Petrograd, dem heutigen St. Petersburg, um die Rückkehr der russischen Migranten in der Schweiz nach Russland vorzubereiten. Das ist jedoch nur ein Vorwand. Grimms heimliches Ziel ist ein anderes: «Er will in Russland einen Sonderfrieden mit Deutschland aushandeln, um die russische Armee von der Front heimholen zu können», erklärt Patric Schnitzer. Hoffmann ist als Sohn eines eingebürgerten Deutschen aus Frankfurt am Main ebenfalls an einem solchen Frieden interessiert, jedoch aus ganz anderen Gründen. Er will damit erreichen, dass die Deutschen ihr Heer von der Ostfront abziehen, damit mehr Soldaten an der Westfront gegen die Franzosen eingesetzt werden können. Somit soll im Westen eine finale militärische Entscheidung erzwungen werden. Hoffmann will damit unter anderem auch die Schweiz vor einem weiteren wirtschaftlichen Niedergang bewahren, wie es im *Historischen Lexikon der Schweiz* heisst. Grimm informiert Hoffmann am 26. Mai über das Friedensbedürfnis Russlands, das von den deutschen Kriegszielen abhänge. «Hoffmann antwortete ihm am 3. Juni in einer von ihm selbst redigierten, chiffrierten und spedierten Depesche, dass Deutschland keine Offensive unternehmen würde, so dass es um die Aussichten für einen Frieden nicht schlecht stünde», heisst es im *Lexikon der Schweizer Bundesräte*. Das Telegramm gerät letztlich in die Hände des französischen Rüstungsministers und gelangt an die Öffentlichkeit. Hoffmanns Handlung stellte eine schwere Verletzung der Schweizer Neutralität dar und löste einen internationalen Skandal aus. Dieser führte schliesslich dazu, dass er am 18. Juni, einen Tag vor seinen 60. Geburtstag, aus der Regierung zurücktrat.

«Hoffmann antwortete ihm am 3. Juni in einer von ihm selbst redigierten, chiffrierten und spedierten Depesche, dass Deutschland keine Offensive unternehmen würde, so dass es um die Aussichten für einen Frieden nicht schlecht stünde.»

Mirjam Bächtold

So geht's zum Hoffmann-Haus:

Es steht an der Torstrasse 11. Die Plakette befindet sich jedoch am Hintereingang an der Schwertgasse (ehemalige Nummer 12).

Der Stein am Schlössli, den Dr. Dorothee Guggenheimer hier zeigt, ist eine Kopie. Das Original hängt im Historischen und Völkerkundemuseum.

27

Freiheitsstein

Sichere Zone für Delinquenten

1587 Freiheit steht auf dem Sandstein, der in der südlichen Fassade des Schlösslis eingemauert ist. Er ist einer von vier Steinen, die zwischen Ende des 16. und Ende des 18. Jahrhunderts den Eingang eines Freiheitsgebiets markierten, das sich zwischen dem Schlössli und der Kirche St. Laurenzen befand. Dabei ist das Wort Freiheit wohl etwas hochgegriffen. «Das Gebiet wurde von Delinquenten zur Flucht genutzt. Hier konnten sie für eine kurze Zeit bleiben und durften nicht verhaftet werden», sagt Dorothee Guggenheimer, Historikerin im Stadtarchiv der Ortsbürgergemeinde. Bis ins späte 16. Jahrhundert hatte das Kloster das Recht der sogenannten «Freiheit» ausgeübt: Delinquenten hatten die Möglichkeit, ins Kloster zu fliehen, wo ihnen die städtischen Behörden nichts anhaben konnten. «Die Tradition des Kirchenasyls gibt es heute noch. Letztmals wurden im Jahr 2016 Kirchen in Zürich und in der Westschweiz zum Zufluchtsort für Asylsuchende und Sans-Papiers», schildert die Historikerin. Im 16. Jahrhundert erschwerte sich jedoch die Flucht ins Kloster. Damals wurde zwischen der Stadt und dem Kloster die sogenannte Schiedmauer gebaut, die mehrere Meter hoch war (siehe Geheimnis 01).

In der Folge wollte die Regierung in der Stadt eine eigene «Freiheit» einrichten, auch wenn das bedeutete, Delinquenten eine Möglichkeit zu geben, die Verhaftung hinauszuzögern. «Die Ermöglichung aussergerichtlicher Beilegung von Konflikten hatte eine lange Tradition und war sinnvoll. Deshalb war die ‹Freiheit› wichtig. Sie ermöglichte Verhandlungen zwischen den Delinquenten, Opfern und Angehörigen», sagt Dorothee Guggenheimer. Zudem könne es sein, dass die Errichtung der eigenen «Freiheit» Wettbewerbsgründe hatte: Das Kloster hatte mit dem Ayslrecht stets die Macht der Kirche gegenüber der Staatsgewalt betont. «Dementsprechend war die Stadt wohl daran interessiert, über etwas zu verfügen, was lange ein klösterliches Privileg gewesen war», erklärt die stellvertretende Stadtarchivarin.

«Die Ermöglichung aussergerichtlicher Beilegung von Konflikten hatte eine lange Tradition und war sinnvoll.»

Nach dem Bau der Schiedmauer befand sich die «Freiheit» zuerst auf dem Kirchhofplatz bei St. Laurenzen. Dieser wurde allerdings aufgehoben und die Stadt brauchte einen neuen Ort, um das Asylprivileg festzulegen. Damals entstand die Zone zwischen dem Schlössli und der Kirche St. Laurenzen, markiert durch vier Steine. «Es sind nur wenige Fälle von Menschen, die dorthin flüchteten, überliefert. Und die meisten, die hier Asyl suchten, waren wegen unvorsätzlichen Totschlags verurteilt», sagt Dorothee Guggenheimer. Sie konnten nicht ewig in der «Freiheit» bleiben, da es kein Haus zum Unterschlupf gab. «Man vermutet, dass sie dort Zeit schinden wollten, um sich auf den Prozess vorzubereiten und allenfalls Zeugen oder entlastende Beweismittel zu suchen.» Einige Beispiele, die Dorothee Guggenheimer im Stadtarchiv der Ortsbürgergemeinde gefunden hat, belegen den Zweck der «Freiheit». «Ulrich Rusch gelangte wegen Totschlags in die ‹Freiheit› und erreichte von dort aus eine Vermittlung», erzählt Guggenheimer. Auch Jakob Weyermann war wegen Totschlags in der «Frei-

heit» und konnte eine Verhandlung mit Verwandten des Verstorbenen heraushandeln.
Der Stein am Schlössli ist eine Kopie. Das Original befindet sich im Historischen und Völkerkundemuseum, wo es in die Fassade im Innenhof eingemauert ist. Die Freiheitszone in der Stadt blieb wohl bis 1798 bestehen, als die alte Stadt aufgehoben wurde.

Historisch und architektonisch spannend ist auch das Schlössli selbst. «Es trägt nicht umsonst diesen Namen, denn es war das herrschaftlichste Haus in der Stadt St. Gallen», erzählt Dorothee Guggenheimer. Es gehörte der Familie Zollikofer, die mit dem Export von Leinentüchern sehr wohlhabend geworden war. «Die Zollikofer besassen schon Schlösser auf dem Land: Schloss Altenklingen im Kanton Thurgau und Schloss Greifenstein im Rheintal.» Dorthin zog sich die Familie im Sommer zurück, wenn es in St. Gallen stickig und heiss war. Damals stank es in der Stadt wohl fürchterlich, denn es gab noch keine Kanalisationen und Kläranlagen. Im 16. Jahrhundert liess Laurenz Zollikofer (1519-1577) das Schlössli in St. Gallen bauen. «Vermutlich wollte er, dass man in der Stadt seinen Reichtum sah», überlegt Dorothee Guggenheimer. Mit seinen schlanken Turmerkern war das Schlössli zu jener Zeit architektonisch einzigartig. Andere Häuser waren nicht in diesem verspielten Barockstil gebaut. Einiges Aufsehen erregte auch der Bau des Hauses selbst. «Zollikofer gab den Auftrag auswärtigen Handwerkern aus dem süddeutschen Raum, die bereits sein Schloss im Thurgau erbaut hatten. Dies löste bei den hiesigen Fachleuten Protest aus. Wir haben Briefe, in denen sie sich

Das Schlössli ist nicht nur wegen des Freiheitssteins, sondern auch durch seine Architektur einzigartig.

beschwerten», sagt die Historikerin. Damals herrschte in der Stadt das Zunftsystem (siehe Geheimnis 14). Die Handwerker vergaben die Aufträge ausschliesslich unter den Zunftmitgliedern, und zwar mit dem Ziel, dass jeder ein Auskommen fand. Die Gewinnmaximierung Einzelner war nicht gefragt. «Fremde Arbeiter durften keine eigenen Aufträge annehmen, nur in untergeordneter Stellung arbeiten.» Als fremd galt schon jemand aus dem heutigen St. Georgen oder Rotmonten. Zollikofer löste also Entrüstung und auch einige Einsprachen von Nachbarn aus, konnte sich aber durchsetzen.

Nach Laurenz Zollikofers Tod blieb das Schlössli noch einige Zeit in Familienbesitz. Im 19. Jahrhundert hätte die Stadt die Möglichkeit gehabt, das Herrschaftshaus für 17 000 Gulden zu erwerben. Man wollte diese Summe jedoch nicht bezahlen und so befindet sich das Schlössli auch heute noch in Privatbesitz.

Politisch hochaktuelle Themen spiegeln sich in der Geschichte des Schlössli. Billigere Konkurrenz aus dem Ausland, Lohndumping, Schutz des inländischen Gewerbes, Einsprachen von Nachbarn: Die Geschichte des Schlössli zeigt, dass dies nicht nur Themen des 21. Jahrhunderts sind. Und genau das macht sie für Dorothee Guggenheimer so spannend.

Mirjam Bächtold

So geht's zum Freiheitsstein:

Er ist in der Fassade des Restaurants Schlössli (Spisergasse) auf der Südseite Richtung Pfalzkeller eingemauert.

Der Phönix ist für den Philologen Clemens Müller eine spannende Figur.

28

Phönix-Skulptur

Werbung mit antiken Federn

Stolz reckt er seinen Kopf mit dem halb geöffneten, gebogenen Schnabel in die Höhe und schwingt seine grossen Flügel, als setze er zum Flug an. Wäre er nicht aus Metall, würde er sich aus den Flammen, die unter ihm züngeln, in die Luft emporschwingen. Die Rede ist von der Skulptur im Garten des Hauptsitzes der Helvetia-Versicherung an der Dufourstrasse – einem Phönix. Der legendenumwobene Vogel befindet sich nicht zufällig auf dem Grundstück einer Versicherungsagentur. Seine Geschichte hat sich die «Helvetia» zunutze gemacht, um für ihre Angebote zu werben.

Die Legende des Phönix taucht bei den griechischen Autoren erstmals bei Herodot (490/480 v. Chr.-430/420 v. Chr.) auf. Er berichtet von einem rotgoldenen Vogel, der den Leichnam seines Vaters in einem Ei aus Myrrhe nach Ägypten fliegt und ihn dort im Tempel des Sonnengottes bestattet. Auf diesem Mythos aufbauend erwähnten später Autoren den Vogel. Es verbreitete sich die Vorstellung, dass der Phönix, der von der Grösse und Statur einem Adler gleicht, mehrere – meist fünf – Jahrhunderte alt wird. «Am Ende seines Lebens baut er ein Nest aus Gewürzpflanzen, setzt sich hinein und verbrennt sich selbst. Nach dem Erlöschen des Feuers bleibt in der Asche ein Ei zurück, aus dem ein neuer Phönix schlüpft», fasst Clemens Müller, klassischer Philologe und Kulturhistoriker, die Legende zusammen. In der Spätantike und im Mittelalter sei der Phönix als Symbol des auferstandenen Christus gedeutet worden. «Später wurde der ‹Phönix aus der Asche› zum Sprichwort für alles, was nach einem schweren Schlag oder der scheinbaren Vernichtung wieder aufersteht», sagt Müller. Aus diesem Grund wurde der Vogel von mehreren Feuerversicherungen als Symbol verwendet. «Man wollte damit zeigen: Mit unserer Versicherung wird aus der Asche des niedergebrannten Hauses ein neues Haus entstehen», erklärt der Historiker. Der Phönix stand aber nicht immer an seinem heutigen Ort. Früher prangte er an der Fassade des damaligen Hauptsitzes der Helvetia-Versicherung. Diese wurde 1858 als allgemeine Versicherungsgesellschaft gegründet und 1861 um die Schweizerische Feuergesellschaft erweitert. Als Symbol für die Feuerschutzversicherung wählte auch die Helvetia den Phönix. Der Plastiker Robert Dorer (1830-1893) schuf zwei Phönix-Skulpturen, die oben an der Fassade des Gebäudes des Hauptsitzes der Helvetia-Versicherung angebracht waren. Im Jahr 1977 wurde der Bau abgerissen, er musste der St. Galler Kantonalbank weichen. Die beiden Skulpturen wurden jedoch gerettet. Einer kam in den Garten des neuen Hauptgebäudes. Sein Zwillingsbruder befindet sich im Foyer des Versicherungssitzes. Beide sind nach wie vor eine Metapher dafür, dass auch nach einer Brandkatastrophe wieder etwas Neues entstehen kann.

Mirjam Bächtold

So geht's zur Phönix-Skulptur:

Sie steht im Garten des Helvetia-Hauptsitzes an der Dufourstrasse 40.

Die Balken unter dem Dach waren einst von allergrösster Bedeutung.

29

Balken

Und die Stoffbahnen flattern im Wind

Heute steht er gut da, der Tröckneturm am Unteren Burgenweiher. Und das hat er Hans Jörg Schmid, einem ausgewählten Kreis seiner Kollegen und der «Stiftung Tröckneturm» zu verdanken, die ihn aus dem Dornröschenschlaf erweckten und in seinem Innern eine Dokumentationsstelle zur Geschichte der Stadt St.Gallen und der St.Galler Textilindustrie einrichteten. Doch kaum einer der zahlreichen Menschen, die hier ein- und ausgehen, wirft einen Blick nach oben und bemerkt die mächtigen Balken unter dem hervorkragenden Dach. Und selbst wenn sie jemand entdecken würde, hielte er sie vermutlich für einen Teil der Dachkonstruktion. Doch die Balken wurden extra angebracht – genauer gesagt sind sie der Grund, warum der Turm überhaupt existiert. Doch der

Reihe nach. «All das hat mit der Rotfärberei zu tun», sagt Hans Jörg Schmid. Und die begann in der Region mit der «weitläufige(n) Rothfärberei» des Johann Jacob Källi-Wild in Mettendorf bei Gossau. Diese habe 1823 «ihre ersten, sehr gelungenen Fabrikate» geliefert, wie es auf der Homepage des Tröckneturms heisst. Zwei Jahre später, im April 1825, wurde das «Burggut», das sich im Besitz des Kantons befand, versteigert. Es war aus «einem von Stein solid gebauten Wohnhaus oder Schloss mit mehreren Wohnungen, einem grossen gewölbten Keller, Vorkeller und einer Kapelle in demselben; einem mit einer Mauer eingefassten Hof, innert welchem sich ein Holzbehälter, Waschhaus, Brunnen und Hühnerstall» befanden. Ausserdem um-fasste der Besitz eine grosse Scheune, Stäl-le, Remisen, Brunnen, ein Gewächshaus, einen Garten und Ackerflächen. Ganz wichtig war aber der kleine Bach, der über das Gelände floss und den Weiher speiste. Diesen Vorteil erkannte wohl auch der Kaufmann Johann Jakob Täschler (1786-1830), der die Burg erwarb, in ihr eine Garn- oder Rotfärberei einrichtete und im Jahr 1828 den Tröckneturm bauen liess. Ebenjenen Turm, den Schmid mit einigen Kollegen nun wieder so schön hergerichtet hat. «Man musste die gefärbten Stoffbahnen ja auch trocknen», erklärt Schmid. «Aus diesem Grund errichtete man den Turm. Bei schlechtem Wetter wurden die Tücher im Innern des Turms von der Decke gehängt.» Und bei gutem Wetter kam der dicke Balken unter dem Dach zum Einsatz: Hier konnten die langen Stoffbahnen im Freien trocknen – und waren trotzdem überdacht.

Hans-Jörg Schmid (links) hat mit einigen Kollegen (hier mit Rainer Zigerlig) den Tröckneturm aus dem Dornröschenschlaf erweckt.

«Der Farbstoff wurde zunächst aus der sogenannten Krappwurzel hergestellt», sagt Rainer Zigerlig, ein Kollege Schmids: «Aber schon Mitte des 19. Jahrhunderts schwenkte man auf die synthetische Herstellung mit Steinkohleteer um.» Als Johann Jacob Källi-Wild seine Rothfärberei einrichtete, war aber selbst das Färben mit der Krappwurzel noch ganz neu, wie Hans-Jörg Schmid ergänzt. «Dass man daraus Farbe herstellen kann, wurde erst 1825 von einem Pfarrer im Toggenburg entdeckt.»

Als Täschler starb, erwarb Josef Ignatz von Merhart im Jahr 1832 das «Etablissement für den türkischroth Druck». Der aus Emmishofen im Thurgau stammende Kaufmann lebte seit 1818 in St.Gallen, im «Adressbuch der Stadt St.Gallen» findet sich ein Jahr später «Meerhardt & Bösch» mit «Mousslins, Garn- und Colonialwaren» wieder. Die Geschäfte liefen gut, 1849 ließ Merhart westlich des Tröckneturms die «Indiennedruckerei» errichten. Später sind Xaver von Merhart-Stölker und schliesslich, um 1890/1900, Johannes Häni-Merhart als Besitzer genannt, letzterer betrieb eine «Bleicherei und Sengerei».

«Von hier aus wurde dann die gefärbte Baumwolle nach ganz Europa verkauft», sagt Schmid. «Der grösste Teil ging allerdings ins Osmanische Reich, die heutige Türkei.» Das Ende kam mit den Überbauungen am nördlichen Abhang der südlich gelegenen Menzlenhöhe und dem Eisenbahnverkehr: «Dadurch gelangte viel Unrat und auch Öl in den Weiher, das Wasser wurde derart verschmutzt, dass es sich nicht mehr für eine Färberei eignete», erklärt Schmid. Johannes Häni-Merhart hatte keine andere Wahl, als sein Unternehmen ins Sittertal zu verlegen und die Fabrikgebäude abzureissen. Nur der Tröckneturm blieb als stummer Zeuge eines Stücks vergangener St.Galler Textilgeschichte zurück und verrottete über die Jahre. Bis Hans-Jörg Schmid und seine Mitstreiter kamen und ihn wachküssten.

Eva-Maria Bast

So geht's zum Balken:

Der Tröckneturm steht am Burgweiherweg 1 und der Balken befindet sich unterhalb des Giebels.

Der Historiker Peter Müller stützt sich an einer der geretteten Buchen ab.

30

Buchen

11 000 «grüne» Unterschriften

Kleinkinder und Schüler spielen an diesem strahlenden Frühlingsmorgen friedlich im Buchwaldpark. Die Rutschbahn, die romantische Baumhütte und die schwebende Gondelbahn am Drahtseil sind heiss begehrt. Aus einiger Distanz beobachten die Mütter das bunte Treiben. Umgeben ist dieses Idyll von mächtigen, uralten Buchen, die einen kleinen «gepflegten Urwald» inmitten des östlichen Quartiers «Heiligkreuz» bilden. Dass die grüne Oase vor gut hundert Jahren akut bedroht war, wissen die Einwohner im Heiligkreuz heute kaum mehr und noch weniger natürlich die vergnügt spielenden Kinder.

«Beobachten Sie kurz die Amsel dort, die am Rande des Sandhaufens nach Würmern sucht», sagt Historiker Peter Müller unvermittelt. «Welche Naturkräfte treiben sie an? Es ist doch höchst spannend, ihr zuzuschauen.» Der wissenschaftliche Mitarbeiter des Historischen und Völkerkundemuseums gerät ins Philosophieren: Vom Treiben der Amsel über die geheimnisvollen Naturkräfte zum majestätischen Leben der uralten Buchen, die sich wie gotische Kathedralen zum Himmel erheben. «Die Liebe zu den Bäumen ist keine Erfindung der Grünen», sagt er. «Auch nicht der Bewegung der Jugendlichen, die sich jeweils am Freitag zu den Klimastreiks versammeln. Nein, schon in der zweiten Hälfte des 19. Jahrhunderts regte sich Widerstand gegen das Fällen von alten Bäumen», meint Peter Müller. Der Schutz markanter Einzelbäume war sogar der Hauptgrund für die Gründung der Natur- und Heimatschutzbewegung. Bis zum heutigen Tag reagieren die Stadtbewohner sensibel, wenn eine alte Eiche, Tanne oder Buche aus dem Stadtbild verschwinden soll. Der Baumschutz hat in St. Gallen eine lange Tradition.

Genau dadurch konnte auch das Buchenwäldchen oberhalb des Bahnhofs St. Fiden gerettet werden. Das Quartier gehörte damals noch zur Gemeinde Tablat, die erst im Jahr 1918 zusammen mit Straubenzell zu Gross-St. Gallen wurde. Der Boden des heutigen Buchwaldparks mit den 37 alten Buchen war im Mai 1912 bereits an einen Immobilienhändler verkauft worden und drohte zu verschwinden. Mehrfamilienhäuser waren geplant und alle Buchen sollten gefällt werden.

Der Buchwaldpark ist bis heute ein beliebter Kinderspielplatz.

Damit waren zahlreiche St. Galler aber alles andere als einverstanden. Die Presse berichtete über die Kritiker, der Heimatschutz St. Gallen-Appenzell Innerrhoden startete eine Unterschriftensammlung gegen die geplante Fällaktion und in seinem Jahresbericht von 1912/13 ist zu lesen: «Mit Genugtuung dürfen wir vom Erfolg der Tablater Buchwaldangelegenheit berichten. Mehr als 11 000 Unterschriften waren binnen weniger Tage beieinander, wovon rund 7500 von Männern und 3500 von Frauen stammten…(…) und so endete die Aktion in erfreulicher Weise, indem am 28. August der städtische Gemeinderat den Ankauf der ganzen Buchwaldliegenschaft um rund 155 000 Franken genehmigte. Das war ein Sieg des Idealismus über reine Gelderwägungen, den man hochschätzen darf.» Dieser Sieg des Idealismus wurde zudem noch aufgewertet durch die Tatsache, dass die Liegenschaft zu einer grosszügigen Parkanlage umgestaltet wurde. «Das Wäldchen ist nun in Verbindung mit einem benachbarten Schulhaus zu einer freundlichen Anlage ausgestaltet worden – eine Oase in dem sonst so wenig Reize bietenden Vorstadtquartier», hielt der Heimatschutz im Jahresbericht 1919/20 fest.

Dank des Einschreitens des Heimatschutzes geniessen die Kinder und ihre Eltern den Park bis zum heutigen Tag. Man könnte bei der Rettung des Buchwaldes auch von einer der ersten ökologischen Protestaktionen sprechen, die zeigt, dass das Wachstum der Stickereimetropole St. Gallen auch kritisch betrachtet wurde. Schon damals gab es Ansätze zu einem «grünen» Denken.

Markus Wigert

So geht's zu den Buchen:

Der Buchwaldpark befindet sich etwa fünf Gehminuten vom Bahnhof St. Fiden entfernt. Von dort über die Spinnereibrücke (Autobahnbrücke) und schon ist der Park zu sehen.

Debrunner Koenig
Debrunner Koenig Holding AG

31

Goldener Apfel

Der Mann mit den zwei Hüten

Ob Vadian gerne Äpfel mochte, ist nicht überliefert. Aber dass er in dem Haus, das ein goldener Apfel ziert, geboren wurde und gewohnt hat, das ist verbrieft. Doch die St. Galler Geschichte der Familie des Joachim Vadian (eigentlich Joachim von Watt; 1484-1551) reicht noch viel weiter in die Vergangenheit zurück. «Schon Vadians Vorfahren waren berühmt in der Stadt – die Familie von Watt», beginnt die Leiterin der Vadianischen Sammlung der Ortsbürgergemeinde St. Gallen, Rezia Krauer, zu erzählen. «Das war eine sehr einflussreiche Familie.» Die von Watts werden mit dem Leinenhandel reich und mächtig, Vadians Vater Lienhard von Watt ist Kaufmann und Ratsherr. Seine Vorfahren sind Teilhaber der Diesbach-Watt-Gesellschaft, die die Familie mit der Berner Familie Diesbach gründet. Diessbach-Von Watt ist im 15. Jahrhundert eine der grössten Handelsgesellschaften in Schwaben und der Schweiz.

Vadian selbst besucht die Lateinschule in St. Gallen, geht im Alter von 17 Jahren nach Wien und schliesst dort 1508 sein allgemeines Studium ab. In jener Zeit nimmt er auch den Namen Vadian an, womit er sein Interesse und seine Leidenschaft für den Humanismus und die lateinische Sprache zum Ausdruck bringen will. «Für kurze Zeit kehrte er nach St.Gallen zurück, um sich der Stiftsbibliothek zu widmen, dann ging er wieder nach Wien», sagt Rezia Krauer. Hier doziert er an der Universität und bevor er 1516 Rektor der Universität wird, erfährt er 1514 noch eine grosse Auszeichnung: Kaiser Maximilian I. (1459-1519) ernennt ihn in Linz zum «poeta laureatus», das ist ein vom König oder Kaiser gekrönter Dichter. Es ist die höchste Auszeichnung, die ein Dichter in der damaligen Zeit bekommen kann.

Um 1519 kehrt Vadian nach St.Gallen zurück und wohnt im Haus «Zum goldenen Apfel», bis er das Nebenhaus «Zum tiefen Keller» kauft und umzieht. «Man weiss nicht genau, warum er zurückkam, aber er hat dann relativ schnell Karriere gemacht, wurde Stadtarzt, trat dem

Rezia Krauer hat vor dem Haus «Zum goldenen Apfel» Appetit bekommen und lässt sich einen Apfel schmecken.

Kleinen Rat bei, heiratete Martha Grebel und auf das Jahr1526, also mitten in der Zeit der Reformation, wurde er Bürgermeister», fasst Rezia Krauer Vadians politische Laufbahn in St.Gallen zusammen.

Bei der Reformation in St.Gallen gehe man davon aus, dass diese nicht nur von einer Person angestossen wurde. «Das war eine grössere Gruppe und Vadian war ein wichtiger Teil davon: Mit seinem gesellschaftlichen Gewicht und seiner Stellung als Bürgermeister hat er sie durchsetzen können.» Dass er als Reformator auch Bürgermeister war, sei «ausserordentlich», kommentiert Rezia Krauer. «Dadurch hatte er ein enormes Gewicht, aber auch zwei Hüte auf.» Bei der Aufhebung des Klosters in der Reformation (siehe Geheimnis 03) habe er eine grosse Rolle gespielt, ebenso zwei Jahre später, als 1531 in der Schlacht bei Kappel die Reformierten gegen die Katholiken verlieren und der Abt von St.Gallen wieder in sein Kloster einzieht. « In dieser Zeit war Vadian als Politiker sehr stark gefordert», sagt Rezia Krauer. «Die Stadt blieb selbstständig, evangelisch und auch weiterhin Reichsstadt.» Und das verdankte sie der herausragenden Leistung des Bürgermeisters Vadian, dessen Haus ein goldener Apfel ziert.

Eva-Maria Bast

So geht's zum Goldenen Apfel:

Der goldene Apfel befindet sich über der Tür des Hauses «Hinterlauben 8».

Der St. Galler Steinmetz Christoph Holenstein vor dem Haus mit den Monatsköpfen. Sein Werkzeug hat er immer dabei.

32

Zwölf Monatsköpfe

Künstlerische Halbplastiken aus Sandstein

Ein junger holländischer Steinbildhauer macht sich zu Beginn des 20. Jahrhunderts auf den Weg nach Rom. Einmal im Leben, denkt er sich, muss ein Jugendstilbildhauer schliesslich in der «Ewigen Stadt» gewesen sein. Der abenteuerlustige junge Mann heißt Henri Gisbert Geene (1865-1950) und er wird nie in Italien ankommen. Schuld ist ein ausgesprochen charmantes Städtchen, in das er, nach einem kurzen Intermezzo in Zürich, gelangt und in dem es eine Menge für einen aufstrebenden Jugendstilbildhauer zu tun gibt: St. Gallen. «In der Zeit zwischen 1850 und 1920 ist die Stadt St. Gallen förmlich dank der Hochblüte der Textilindustrie explodiert», erklärt der Steinmetz und Jugendstilkenner Christoph Holenstein. Deshalb habe man Henri Gisbert Geene in Zürich geraten, er solle doch nach St. Gallen gehen, dort gebe es viele Aufträge. «Er wird während den nächsten 20 Jahren einige Zeugnisse seiner genialen Handwerkskunst in der Gallusstadt realisieren», erklärt Holenstein. Dazu gehören auch die zwölf Monatsköpfe, die als Halbplastiken das Haus an der Bankgasse 9, in unmittelbarer Nachbarschaft zur Kathedrale, auf beeindruckende Art zieren. Die zwölf Sandsteinköpfe, unter denen das jeweilige Sternzeichen zu sehen ist, ziehen sich um das Hauseck herum. Die Darstellungen der ersten sieben Monate des Jahres, also Januar bis Juli, sind an der Bankgasse zu bewundern, August bis Dezember am Gallusplatz. Ganz oben am Hauseck hat sich der Künstler selbst in zwei kleineren Portraits verewigt: Wer genau hinsieht, kann sein Konterfei in dem Stein mit der Jahreszahl der Entstehung, 1902, entdecken. Die anderen Köpfe stellen mehrheitlich männliche Zeitgenossen dar, aber auch einige Frauen sind darunter. «Das Werk entstand für das Restaurant Volksküche, das zu Beginn des 20. Jahrhunderts hier eingemietet war und geschlechtergetrennt betrieben wurde: Das Obergeschoss, das einen separaten Eingang hatte, war für die Frauen bestimmt, das Untergeschoss für die Männer», weiss Christoph Holenstein zu berichten.

August – einer der zwölf Monatsköpfe.

Dem *St. Galler Tagblatt* waren die Köpfe kurz nach ihrer Fertigstellung einen grossen Artikel wert. Unter dem Titel *Charakterköpfe in der Volksküche* beschrieb die Zeitung die Köpfe jeden Monat in kurzen poetischen Metaphern. Beim Januar steht zum Beispiel: «Ein norwegischer Skiläufer eröffnet den Reigen, ein wetterfester Typus mit starkem Schnurrbart in Pelz gehüllt, um Wind und Kälte zu trotzen.»

Über den Monat Mai ist zu lesen: «Es tritt uns eine 1000-wöchige, vom jugendlichen Liebreiz umsponnene Jungfrau entgegen, ein bildsauberes Mädel.»

Geene, der Holländer, der nie in Rom ankommen sollte, übernahm die komplette künstlerische Ausgestaltung des Hauses an der Bankgasse 9, ein neugotischer Kopfbau, den der St. Galler Architekt August Hardegger (1858-1927) im Übergang vom 19. zum 20. Jahrhundert geplant hatte. Weitere Zeugnisse des Holländers in St. Gallen sind die Wasserwesen im Volksbad, die Eule auf dem Giebel der Vadiana-Bibliothek und die fünf allegorischen Kontinente auf dem Haus zur Waage. «Die bildhauerische Vorgehensweise beginnt mit der Zeichnung, dann folgt das Modellieren mit Töpferton, der Gipsabguss und am Schluss die Steinmetzarbeit», beschreibt Holenstein die Arbeitsweise eines Steinbildhauers.

Christoph Holenstein war bei der Renovation des Eckhauses an der Bankgasse beteiligt und erklärt: «Im Jahr 2012 stellte man den Originalzustand des Hauses wieder her, was die Dachsituation und den Treppengiebel betrifft.» Die zwölf Monatsköpfe schauten bei dieser umfassenden Renovation sicher wohlwollend zu und freuten sich über das neue Aussehen des schmucken Eckhauses.

Markus Wigert

So geht's zu den zwölf Monatsköpfen:

50 Meter vom westlichen Haupteingang der Kathedrale entfernt steht das Haus der Tourist-Information mit den zwölf Monatsköpfen. Der Januar beginnt auf der Seite Bankgasse, beim Personaleingang von St. Gallen-Bodensee Tourismus und der Dezember ist dargestellt auf der Seite Gallusstrasse bei der Chocolaterie.

hp müller

33

Ehemalige Spinnerei

Die wohl älteste Fabrik

Auf den ersten Blick könnte man sich fragen, was an diesem Haus geheimnisvoll sein soll. Ein weisses Gebäude, Firmensitz der hp Müller AG, die hier ihre Küchen zeigt. Doch das Haus an der Heiligkreuzstrasse 7 ist etwas Besonderes. «Hier befand sich zwischen 1817 und 1918 die Spinnerei Buchental und im Gegensatz zu anderen Baumwollspinnereien, die in bereits bestehenden Gebäuden eingerichtet wurden, baute man diese Fabrik eigens als Baumwollspinnerei», sagt Marcel Mayer, ehemaliger Stadtarchivar der politischen Gemeinde St. Gallen. Die Baumwollspinnereien hatten in der Gallusstadt eine grosse Bedeutung (siehe Geheimnis 36). Ihre Geschichte ist lang und sie beginnt nicht mit der Spinnerei Buchental. Um sie zu erzählen, muss der Historiker etwas weiter ausholen:

1801 stand das Kloster St. Gallen seit drei Jahren leer. Napoleonische Truppen hatten im Zuge der helvetischen Revolution (1798-1803) die dort lebenden Mönche vertrieben. Die Benediktiner flohen in ein Kloster bei Bregenz. Da die Räume des nun unbewohnten Klosters viel Platz boten, kamen einige Unternehmer auf die Idee, hier eine Spinnerei einzurichten. «Sie gründeten zu diesem Zweck die erste Aktiengesellschaft St. Gallens. Die Baumwollspinnerei im Kloster gilt als erste Fabrik überhaupt in der Schweiz», erläutert Mayer. Die Ostschweiz habe zu einem sehr frühen Zeitpunkt eine Industrialisierung erlebt, ähnlich wie das Zürcher Oberland und Belgien. «Frankreich und Deutschland zogen erst einige Jahre später nach», ordnet Marcel Mayer ein. Baumwollspinnereien waren die ersten Fabriken, sie entstanden noch vor den Webereien und Stickereien, weil sich das Spinnen gut für eine Mechanisierung eignete. Die Baumwolle wurde importiert, ursprünglich aus dem Nahen Osten, im 19. Jahrhundert dann immer mehr aus Brasilien und aus den Südstaaten der USA. «Aktuelle Forschungen befassen sich damit, inwieweit Schweizer Textilfirmen an

Marcel Mayer ist froh, dass die ehemalige Spinnerei nicht einem Abriss zum Opfer fiel.

der Sklavenwirtschaft beteiligt waren. Man hat zumindest indirekt von den Sklavenplantagen in den USA oder Brasilien profitiert. Es laufen Untersuchungen, ob Schweizer Textilfirmen teilweise auch selbst Plantagen mit Sklaven hatten», sagt Marcel Mayer.

Die Spinnerei im Kloster war nicht sehr erfolgreich, doch es entstanden bald viele andere in St. Gallen. Und im Jahr 1817 wurde dann auch die Spinnerei Buchental gegründet. Einer der Mitgründer war Johann Jacob Rieter (1762-1826), dessen Firma in Winterthur noch heute in der Produktion von Textilmaschinen tätig ist. Die Spinnerei Buchental lag an der Steinach und musste Wasserzins an das Michael-Weniger-Weiher-Legat zahlen (siehe Geheimnis 36). Um die Maschinen mit noch mehr Wasser antreiben zu können, legten die Firmengründer vier Weiher auf dem Fabrikgelände an. «Sie wechselten aber bereits etwa 1840 zum Antrieb mit Dampfkraft, was zeigt, wie fortschrittlich sie waren», erklärt Marcel Mayer und ergänzt: «Vor allem im Vergleich mit jenen frühen Fabriken, die zum Antrieb Menschen- oder Tierkraft nutzten.» An der Poststrasse gab es zu Beginn des 19. Jahrhunderts beispielsweise eine Spinnerei, bei der Ochsen in einem Tretrad die Maschinen antrieben, indem sie immer im Kreis gingen, wie man es aus Entwicklungsländern kennt.

Die heutige hp Müller AG ist in einem geschichtsträchtigen Gebäude beheimatet.

Über die aktive Zeit der Spinnerei Buchental ist nicht viel bekannt. «Sicher ist, dass zahlreiche Italienerinnen in den Textilfabriken arbeiteten», sagt Mayer. Zur Zeit der Industrialisierung wurde in St. Gallen stark gebaut, was italienische Arbeiter anlockte. Deren Frauen, häufiger aber noch junge, unverheiratete Italienerinnen, arbeiteten in der Textilbranche. «Es ist auch denkbar, dass die Spinnerei Buchental, wie die meisten anderen Fabriken, Kinder beschäftigte», schätzt der Historiker. Erst 1877 wurde ein eidgenössisches Fabrikgesetz erlassen, nach dem Kindern unter elf Jahren das Arbeiten in Fabriken verboten war. Im Jahr 1833 wurde die Spinnerei Buchental massiv ausgebaut und um ein Stockwerk erweitert. Danach betrieb sie 31 Spinnstühle mit insgesamt 10 000 Spindeln. «Die Fabrik hat also die Arbeitsleistung einer Handspinnerin verzehntausendfacht», betont der ehemalige Stadtarchivar. Da-durch verlor die Handspinnerei schnell an Bedeutung. Weber- und Stickerarbeiten wurden noch länger in Heimarbeit angefertigt, weil deren Mechanisierung langsamer voranschritt. Da die Handstickmaschinen relativ klein waren, hatten viele Bauernfamilien ein solches Gerät im Keller stehen, um sich etwas dazu zu verdienen.

«Die Fabrik hat also die Arbeitsleistung einer Handspinnerin verzehntausendfacht.»

1918 gab Rieter die Produktion von Baumwollgarn im Buchental auf. Danach kam es zu unterschiedlichen Nutzungen des Gebäudes, einmal als Fellhandlung, dann als Laden für Haushaltsgeräte und zwischenzeitlich wurden die Fabrikräume zu Wohnungen. «Das Haus verfiel immer mehr. Ich fürchtete schon einen Abbruch, was sehr schade gewesen wäre», erinnert sich der Stadtarchivar. Im Jahr 1997 erwarb die hp Müller AG das Gebäude und renovierte es fachgerecht. Heute befinden sich in der ehemaligen Fabrik Schauräume für die Küchen der hp Müller AG. «Das Haus ist wohl die älteste noch stehende ehemalige Fabrik in St. Gallen», sagt Mayer. Er ist froh, dass sie nicht abgerissen wurde.

Mirjam Bächtold

So geht's zur ehemaligen Spinnerei:

Sie befindet sich an der Heiligkreuzstrasse 7, in der Nähe der Bushaltestelle Hodlerstrasse.

34

Amazone

Bronzekriegerin im Unipark

In der Südwestecke des Hochschulparks, an der Dufourstrasse, steht eine heroische Bronzeskulptur. Die stolz einherschreitende junge Frau mit hoch erhobenem Kopf führt ein schlankes Pferd. Welche Bedeutung hat diese frühexpressionistische Figur? Nur der Name der Giesserei ist in den Sockel eingraviert. Vergebens sucht man nach einer Inschrift, die das Geheimnis enthüllen könnte. Peter Müller, wissenschaftlicher Mitarbeiter des Historischen und Völkerkundemuseums, weiss jedoch, was es mit der mystischen Gestalt auf sich hat: «In St. Gallen findet man gut 90 Zeugnisse der griechisch-römischen Mythologie in Form von Skulpturen oder Relieffiguren an Gebäudefassaden, an Erkern und auf Brunnen. Die wohlhabenden Textilfamilien wollten ihren Reichtum und ihre humanistische Bildung auch nach aussen zeigen.»

Die bronzene Amazone im Unipark bildet hier allerdings eine Ausnahme, sie ist kein Zeugnis des textilen Reichtums, sondern wurde nach dem Vorbild einer Skulptur des Basler Künstlers Carl Burckhardt (1878-1923) geschaffen. Das Original steht heute noch auf der Grossbasler Seite der mittleren Rheinbrücke. «Walter Förderer, der für das künstlerische Gesamtkonzept der 1963 fertiggestellten Hochschulanlage zuständig war, gefiel die Basler Amazone so gut, dass er davon einen Abguss herstellen liess und ihn am heutigen Standort platzierte», erzählt der Historiker. Es ist eines der ganz wenigen gegenständlichen Kunstwerke auf dem Uni-Campus neben überwiegend modern-abtrakten.

Peter Müller hat gemeinsam mit dem Gymnasiallehrer und Lateinspezialisten Clemens Müller im Jahr 2016 ein Buch mit dem Titel *Götter, Musen, Fabelwesen* veröffentlicht, das die Gestalten der griechisch-römischen Mythologie in der Stadt St. Gallen beschreibt und auch bei der Aufklärung über die Bedeutung der Amazone weiterhilft. Der interessierte Leser erfährt, dass die Amazonen ein kriegerisches

Peter Müller hält die Amazone an der Hand.

Frauenvolk waren, das man in Kleinasien, der heutigen Türkei, vermutete. Im Krieg setzten sie als Erste das Pferd ein. Es gibt sogar die Legende, dass sie sich eine Brust amputieren liessen, um treffsicherer mit Pfeil und Bogen umgehen zu können. «Bei ihnen herrschte das Matriarchat, die Männer verrichteten die Hausarbeit. Ein sehr aktueller und feministischer Gedanke, der an der Uni St. Gallen erst spät umgesetzt wurde», sagt Peter Müller. «Ob Walter Förderer mit der Amazone einen Beitrag zur Frauenförderung an der Universität St. Gallen leisten wollte, ist nicht bekannt.»

Während die Universität Zürich bereits im Jahr 1864 als erste schweizerische Universität Frauen zum Studium zuliess, waren in St. Gallen Studentinnen lange in der Minderheit. Die erste Schweizer Professorin wurde 1968 ernannt. Die Anzahl der Professorinnen in St. Gallen bewegte sich viele Jahre im unterdurchschnittlichen Bereich der Schweizer Universitäten. Der Einfluss der Amazone war also lange Zeit bescheiden. «Im Jahr 1984 lag der Anteil der Studentinnen an der Uni St. Gallen gerade einmal bei 13,6 Prozent und erst 1986 wurde die erste ordentliche Professorin gewählt», konstatiert Peter Müller. «Der Frauenanteil unter den Studierenden ging 1995 erstmals über die 20 Prozent hinaus bei einem gesamtschweizerischen Durchschnitt von nahezu 45 Prozent.» Noch bescheidener war im gleichen Jahr mit 1,3 Prozent der Anteil der Dozentinnen. Damit beschäftigte die Universität St. Gallen 1995 die wenigsten Dozentinnen aller Schweizer Hochschulen. Inzwischen hat sich der Frauenanteil merklich erhöht, sowohl unter den Studierenden als auch den Dozenten. So hat die bronzene Amazone ihren Einfluss auf die Frauenquote doch noch geltend gemacht.

Markus Wigert

So geht's zur Amazone:

Die Amazone findet man im Hochschulpark an der Dufourstrasse etwa 500 Meter von der Bushaltestelle «Universität» entfernt.

Der Historiker Prof. Dr. Max Lemmenmeier beim Gedenkstein für den Wildparkpionier Martin Wild.

35

Gedenkstein

Verwittertes Andenken im Wald

Der eindrückliche Stein im Osten des Wildparks Peter und Paul kündet von einer spannenden Geschichte. Obwohl er inzwischen stark verwittert ist, lässt sich die Inschrift noch entziffern: *Oberförster M. Wild 1840-1927*. Wer war dieser Mann, dessen Name auf einem Stein mitten im Wald steht? «Der Platz ist gut gewählt», findet Dr. Max Lemmenmeier, ehemaliger Geschichtslehrer der Kantonschule am Burggraben. Denn der in Thusis im Kanton Graubünden geborene Martin Wild zeigt schon als Knabe eine grosse Liebe zum Wald: Die Pflege der Bäume liegt ihm am Herzen, später wird er sie zum Beruf machen. Am Polytechnikum in Zürich beginnt er eine Ausbildung zum Förster und absolviert eine Zweitausbildung zum Geometer. Es folgt eine Anstellung als Gemeindeförster in seiner Heimatgemeinde Thusis, wo Wild noch einer zweiten Leidenschaft nachgeht: Er wirkt als Organist und erteilt Musik- und Gesangsstunden, um sein karges Einkommen aufzubessern. Nach einer Zwischenstation als Bezirksförster in Bad Ragaz lässt er sich am 1. April 1882 in St. Gallen nieder und wird Forst- und Güterverwalter der Ortsgemeinde.

«Martin Wild war ein aussergewöhnlicher, bisweilen recht eigenwilliger Mann. Seine äussere Erscheinung mit wallendem Rauschebart wirkte beeindruckend und er eckte in seinem beruflichen Umfeld gelegentlich an», beschreibt Max Lemmenmeier den Charakter des Försters. Und er weiss auch, dass der tatkräftige Oberförster zwar in seinem Tätigkeitsfeld hochgeschätzt war und Kurse gab, als Ortsbürger im Jahr 1886 jedoch abgelehnt wurde. «Der Grund der Ablehnung ist nicht bekannt. Vielleicht lag es daran, dass die Familie erst seit vier Jahren in St. Gallen lebte», mutmasst Lemmenmeier.

Der Stein erinnert an einen aussergewöhnlichen und eigenwilligen Mann.

Ortsbürger oder nicht: Zu einem Gedenkstein im Wald hat er es immerhin gebracht. «Martin Wild gehörte zu den tatkräftigsten Förderern des Wildparks Peter und Paul», erklärt der Historiker. «Er muss im selben Atemzug mit Robert Mader und Dr. Albert Girtanner genannt werden, wenn von der Gründungsgeschichte des Wildparks und der Wiederansiedlung des Alpensteinbocks die Rede ist.»

Martin Wild hatte es sich zur Aufgabe gemacht, einen Platz für die Errichtung eines Parks für einheimische Wildtiere zu finden. Er prüfte zunächst die Totenweihergegend und die Bernegg, bevor seine Wahl auf den heutigen Standort fiel. «Als schönstes Areal punkto Aussicht, Lage, Wechsel von Wiese und Wald, Tobel und Ebene präsentierte sich die Fläche des jetzigen Wildparks Peter und Paul», ist seinen handschriftlichen Notizen zu entnehmen. Doch der Weg dahin war steinig: Das favorisierte Grundstück befand sich nämlich in Privateigentum und die Besitzerin, Fräulein Regula Rietmann, war ganz und gar nicht zum Verkauf bereit. Immer wieder klopfte der Oberförster bei ihr an, immer wieder war er erfolglos. Doch Martin Wild gab nicht auf – und schlussendlich war ihm das Glück hold: Am 26. Januar 1892 willigte sie, nach eingehendem Studium der vorgelegten Pläne, schliesslich ein und verkaufte die 6,48 Hektar Wiese und Wald zum damaligen Preis von 35 000 Franken. Am 1. April zog der erste Hirsch ins Gehege ein und am 1. Mai 1892 wurde die allgemeine Eröffnung des Wildparks gefeiert.

Nach 35 Jahren reger Tätigkeit trat Oberförster Martin Wild, einer der Gründerväter des Wildparks Peter und Paul, 1917 in den wohlverdienten Ruhestand. Elf Jahre später verstarb er in einem zur damaligen Zeit ungewöhnlich hohen Alter von 88 Jahren. Sein Werk aber lebt weiter und bleibt für unzählige Familien und Besucher ein beliebtes Ausflugsziel.

Markus Wigert

So geht's zum Gedenkstein:

Man folgt dem Bächlerweg bis zur Feuerstelle am Ostrand des Peter und Paul-Waldes. Am Waldrand steht der Gedenkstein für den Wildparkförderer Martin Wild.

36

Schleusenhäuschen

Pionier der Frühindustrialisierung

Schnucklig ist das Wort, das einem einfällt, soll man das kleine blau-weiss-gestrichene Häuschen am Wenigerweier oberhalb der Stadt beschreiben. Romantische Bilder von Badenden tauchen vor dem geistigen Auge auf, wenn man das Häuschen betrachtet, an dessen Fenstern gar Vorhänge angebracht sind. Doch das kleine Gebäude, das auf einer Holzkonstruktion im Weiher steht, ist kein Badehäuschen, sondern ein Schleusenhaus – ganz unromantisch und praktisch. Der Wenigerweier ist nämlich kein natürlicher Weiher, sondern ein künstlich angelegter kleiner Stausee. Benannt ist er nach Michael Weniger (1763-1836), dessen Familie bereits seit dem 14. Jahrhundert in der Stadt nachgewiesen ist. Weniger war ein Kaufmann und Pionier der frühen Industrialisierung. Ihm gehörten mehrere Baumwollspinnereien und er gründete 1828 eine Fabrik, um Maschinen für seine Spinnereien zu entwickeln. «Damit wollte er unabhängig von den Engländern sein, die in der Maschinenproduktion führend waren. Deshalb produzierte er eigene Maschinen», sagt Marcel Mayer, ehemaliger Stadtarchivar der politischen Gemeinde. Man geht davon aus, das Wenigers Fabrik in den 1830er-Jahren die drittgrösste Maschinenfabrik in der Schweiz war.

Damals gab es entlang der Steinach nebst Wenigers Maschinenfabrik weitere kleinere Fabriken und Gewerbebetriebe. Alle nutzten das Wasser der Steinach, um damit über Wasserräder ihre Maschinen zu betreiben. «Wenn der Fluss jedoch wenig Wasser führte, liefen die Maschinen langsamer oder standen ganz still», schildert Marcel Mayer das Problem. Da hatte Michael Weniger die Idee, einen Stauweiher anzulegen, mit dessen Wasser man die Steinach bei Bedarf speisen konnte. Im Jahr 1821 erhielt er die Baubewilligung und 1823 wurde der Weiher erstmals erwähnt. Vom Schleusenhaus aus konnte der Wasserablass gesteuert werden, um mehr Wasser in die Steinach zu leiten. «Heute würde man so etwas in einem funktionalen Bau erstel-

Marcel Mayer weist auf das Schleusenhäuschen am Wenigerweier.

len, wahrscheinlich wäre es einfach ein Betonwürfel», überlegt der Archivar. Früher wurden aber oft auch funktionale Bauwerke architektonisch aufwendig und schön gestaltet. Gelebt hat niemand in diesem Häuschen, dazu war es zu klein. Da viele Fabriken vom Stauweiher profitierten, mussten sie einen Wasserzins an das Michael-Weniger-Weiher-Legat zahlen.

Ein idyllisches Bild: Das Schleusenhaus ist ein Nutzbau, der an ein romantisches Badehäuschen erinnert.

Als St. Gallen 1856 ans Eisenbahnnetz angeschlossen wurde, konnte Kohle in grossen Mengen importiert und hierher transportiert werden. In der zweiten Hälfte des 19. Jahrhunderts verlor die Wasserkraft deshalb mehr und mehr an Bedeutung. Die Fabriken betrieben ihre Maschinen nun mit Dampf. Somit wurde der Wenigerweier überflüssig.

Nach Michael Wenigers Tod übernahmen seine Nachkommen die Fabriken und führten sie weiter. Doch in den 1840er-Jahren ging das Firmenkonglomerat bankrott. Als Hauptgläubiger übernahm Gottlieb Freiherr von Süsskind den Betrieb. «Unter Süsskind wurde er bedeutender als unter Weniger», sagt Mayer. Süsskind führte den Besitz in das Michael-Weniger-Weiher-Legat über, dem der Weiher bis 2002 gehörte. Dann wurde er an die St. Gallische Naturwissenschaftliche Gesellschaft verkauft. Diese legte um den Wenigerweier ein Naturschutzgebiet an. Heute ist es für viele St. Galler ein Naherholungsgebiet.

Mirjam Bächtold

So geht's zum Schleusenhäuschen:

Das Schleusenhäuschen befindet sich am westlichen Ende des Wenigerweiers, welchen man mit der Appenzeller Bahn (Haltestelle Schwarzer Bären) erreicht.

Nicole Stadelmann weiss, dass es an dieser Stelle nicht immer so idyllisch war.

37

Richtstätte

Ein Galgen als Mahnmal

Wo heute friedlich Schafe grasen, wurden früher Verbrecher gehängt. Auf der Wiese an der St. Jakob-Strasse liess die Stadt im Jahr 1532 einen Galgen errichten. Die Strasse war schon damals die Hauptverkehrsachse für Reisende vom See nach St. Gallen. «Es gab im Mittelalter verschiedene Galgen. Etwas weiter ausserhalb befand sich die äbtische Richtstätte des Klosters», sagt Nicole Stadelmann, Mitarbeiterin im Stadtarchiv der Ortsbürgergemeinde. Nachdem die Reisenden den Galgen bei St. Jakob passiert hatten, wussten sie: «Jetzt befinden wir uns unter städtischer Gerichtsbarkeit.» Bevor der Galgen auf St. Jakob stand, wurden die Delinquenten vor dem Rathaus gehängt, das sich damals noch am Marktplatz befand. Aus einem Erker heraus verkündete der Richter das Urteil. Handelte es sich um ein Todesurteil, wurde der Verbrecher dem Scharfrichter übergeben und unverzüglich hingerichtet. Die Urteile wurden auch nach der Errichtung des Galgens bei St. Jakob noch vom Gerichtserker am Rathaus verlesen.

Die Todesstrafe stand im Mittelalter nicht nur auf Mord, sondern auch auf Diebstahl, Sodomie (Geschlechtsverkehr mit Tieren) oder Gotteslästerung. Einer, der im Jahr 1617 in St. Gallen verurteilt wurde, war der Räuber und Mörder Niclaus Morer aus dem Urnerland. Als das Todesurteil über ihn gefällt wurde, war er auf einem Podest vor dem Rathaus den Schaulustigen preisgegeben. Anschliessend führte ihn der Scharfrichter zum Hochgericht auf St. Jakob, wo er hingerichtet wurde.

Im Jahr 1632 ereilte den Gerbermeister Hans Tobler auf St. Jakob das gleiche Schicksal. «Aus dem Protokoll geht hervor, dass er bereits zwei Mal im Gefängnis sass, weil er ‹schlecht mit seiner Frau zusammenwohnte› und ein liederliches Leben führte», zitiert die Historikerin. Er habe seine Frau geschlagen und verprügelt – einmal anscheinend so stark, dass er floh und später die Leute auf der Strasse fragte, ob sie noch lebe. Und dann brachte er seine Gemahlin tatsächlich um, als er mit einer Schusswaffe durch die geschlossene Zimmertür auf sie feuerte. «Unter Folter gestand er schliesslich, dass er auf sie geschossen, jedoch auf ihre Beine gezielt habe und nicht gewollt habe, dass sie sterbe», schildert Nicole Stadelmann den Fall weiter.

«Unter Folter gestand er schliesslich, dass er auf sie geschossen, jedoch auf ihre Beine gezielt habe und nicht gewollt habe, dass sie sterbe.»

Die Todesurteile waren für die damalige Gesellschaft eine Möglichkeit, sich reinzuwaschen. «Hätte die Justiz die Verbrechen gebilligt, hätte sie Schuld auf die gesamte Bevölkerung geladen. Durch das Todesurteil wurde die Schuld getilgt», erklärt die Historikerin. Es habe aber auch oft Fälle von Begnadigungen gegeben. Und selbst wenn nicht, sei man doch um das Seelenheil der Hingerichteten besorgt gewesen. Ein Pfarrer betreute sie vor der Vollstreckung und sie wurden auf dem Armen-Sünder-Friedhof, gleich neben dem Galgen, begraben. Zwischen 1596 und 1700 vollzog man an 103 Menschen auf dem Hochgericht auf St. Jakob die Todesstrafe. Das ist etwa eine Person pro Jahr. Diese Jahre wurden archivarisch aufgearbeitet, daher ist die Zahl der Urteile bekannt. Was davor und danach geschah, hat bislang niemand recherchiert.

Die Holzbalken des Galgens faulten von Zeit zu Zeit und mussten ersetzt werden. Die städtischen Handwerker weigerten sich jedoch, diese Arbeit zu übernehmen. Keiner wollte durch die Berührung des Galgens entehrt und danach aus dem Handwerkerverbund ausgeschlossen werden. Also bestimmte die Regierung, dass alle Handwerker gemeinsam den Galgen reparieren müssten. «Jeder sollte einen Arbeitsschritt mit seinem Werkzeug ausführen. Dadurch waren alle entehrt und somit war die Schmach wieder aufgehoben», erklärt Nicole Stadelmann. In einer Prozession marschierten die Handwerker nach St. Jakob und nach getaner Arbeit gab es einen Umtrunk. Der Galgen stand noch etwa bis ins Jahr 1840. Wann genau er abgerissen wurde, ist nicht bekannt. Gewiss ist jedoch, dass die Handwerker für den Unterbau Steine verwendeten, die aus einer Skulpturengruppe stammten, die Jesus am Ölberg zeigte. Diese wurde während der Reformation abgerissen. Die Delinquenten wurden also auf Steinen hingerichtet, bei denen Gläubige einst gebetet hatten.

«Jeder sollte einen Arbeitsschritt mit seinem Werkzeug ausführen. Dadurch waren alle entehrt und somit war die Schmach wieder aufgehoben.»

Mirjam Bächtold

So geht's zur Richtstätte:

Sie befindet sich gegenüber den Olmahallen 4/5. Man sieht lediglich noch die Wiese.

Dr. Stefan Sonderegger kennt die spannende Geschichte, die hinter diesem Gebäudekomplex steckt.

38

Spitalkeller

Für Arme, Kranke und das Seelenheil

Stadtarchivar Dr. Stefan Sonderegger hält jedes Mal kurz inne, wenn er am Spitalkeller vorbeikommt. Nicht etwa, weil er überlegen würde einzukehren, sondern weil er, vor allem dann, wenn er den Schriftzug *Spitalkeller* sieht, immer an die Geschichte denken muss, die dahintersteckt: In dem gesamten, 14 Häuser umfassenden, Komplex zwischen Kugelgasse, Spitalgasse und Marktgasse befand sich einst das Spital. Heute erinnert nur noch der Name der Gaststätte, *Spitalkeller*, an die ehemalige Nutzung. «Im 13. und 14. Jahrhundert gab es eine regelrechte Gründungswelle dieser kommunalen Spitäler – in diesem Zuge ist auch das St. Galler Spital

entstanden», sagt Stefan Sonderegger. Das habe unter anderem daran gelegen, dass die Klöster der sozialen Probleme in den Ortschaften nicht mehr Herr wurden und daher eine gemeinsame Lösung mit der Stadt suchten.
Einer der Stifter des Spitals war Ulrich Blarer (1170-1242). «Er war ein St. Galler Bürger, aber ich nehme an, dass er auch Konstanzer Bürger war», sagt Stefan Sonderegger. «Denn der gleiche Ulrich Blarer galt 1225 als Mitbegründer des Spitals in Konstanz.» Die Blarer waren für St. Gallen sehr bedeutend, politisch und wirtschaftlich potent und vermutlich im Textilhandel tätig. «Und für das eigene Seelenheil haben sie dann die Spitalgründung im Sinne einer Stiftung durchgeführt», erklärt Stefan Sonderegger den Zusammenhang.
Ein solches Spital ist aber nicht zu vergleichen mit dem heutigen Krankenhaus: Es war Armenhaus, Waisenhaus und Seniorenresidenz in einem. «In der Spitalordnung von 1228, die in einer Nachschrift aus dem 14. Jahrhundert erhalten ist, wird zum Beispiel gesagt, dass nur Leute aufgenommen werden, die nicht mehr aus eigenen Kräften gehen können, also diejenigen, die sehr dringend Hilfe brauchen», sagt der Archivleiter und ergänzt: «Das war die grosse Gruppe der «um Gots Willen-Aufgenommenen», das waren die armen Siechen.» Das mittelalterliche Wort «siech» meint kränklich, hilfsbedürftig. Diese «um Gots Willen-Aufgenommenen», auch «Muespfründner» genannt, weil Mus ihre Hauptnahrung war, bildeten die unterste der drei Kategorien von Spitalinsassen. Auf der nächsthöheren Stufe standen die Mittelpfründner. «Sie hatten eine bessere Kost und bekamen auch Wein», sagt Sonderegger. Die oberste Schicht bestand aus den sogenannten Herrenpfründnern. Sonderegger hat im Archiv Akten solcher Herrenpfründner gefunden, eines Ehepaars, das, umgerechnet auf heutige Verhältnisse, ungefähr eine halbe Million Franken dafür zahlte, im Spital leben zu dürfen, und täglich gebratenes Fleisch und Gemüse sowie eine reichhaltige Kost bekam. Obendrauf gab's noch 2,3 Liter Wein. Pro Tag und Person! «Die beiden haben wahrscheinlich nicht alles selbst getrunken», schätzt Sonderegger. «Sie durften den Wein zwar nicht verkaufen, aber immerhin verschenken.»

Im 14. Jahrhundert werden die Spitäler, die bis dahin noch geistlichen Charakter hatten, in ganz Europa verweltlicht und kommunalisiert. «Sie kamen dann unter die Leitung des Stadtrats, der eine Art Aufsichtsfunktion übernahm», wie Sonderegger erklärt. «Der Stadtrat war hinsichtlich der Finanzen sehr rigide und schrieb genau auf, welche Abgaben man von den Bauern erhalte.» Denn mittelalterliche Spitäler finanzierten sich wie Klöster über Grundlasten, Naturalzinsen, Geldzinsen und Zehnten. «Sie waren gleichermassen soziale wie wirtschaftliche Einrichtungen», unterstreicht Stefan Sonderegger. Auch im Weinhandel seien die Spitäler in der Regel sehr aktiv und ein wichtiger Einkommens- und Versorgungsfaktor der Stadt gewesen. Der Archivleiter hat Unterlagen ausfindig gemacht, aus denen hervorgeht, wie der ideale Pfründner aus Sicht des Spitals sein sollte: Wie er den Wortlaut zitiert, wäre es optimal, wenn einer so alt und schwach sei, «dass zuversichtlich wäre, dass das Spital nicht Verlust an ihm hätte». Schmunzelnd fasst Sonderegger zusammen: «Bitte möglichst alt und vermögend, damit er nicht mehr lange lebte und das Spital Aussicht auf ein baldiges Erbe hatte.» Ein weiteres Kriterium für eine Aufnahme im Spital war, dass sich einer so um die Stadt verdient gemacht hätte, dass man ihm die Pfründe schenken könnte. «Das dürfte dann der heutige Stadtpräsident gewesen sein», ordnet Sonderegger ein. Eine Zeitlang habe sich in den Richtlinien zur Aufnahme in das Spital auch der Passus befunden, dass die neu aufgenommenen Pfründner das Spital als Alleinerben einsetzen müssen. Der sei zwar später wieder gestrichen worden, Sonderegger hat aber eine Frau ausfindig gemacht, die «Guataland», die dem Spital tatsächlich ihr Vermögen vermachte. «Wir haben eine Urkunde aus dem Jahr 1433, in der steht, dass sie dem Spital einen grossen Betrag schenkte und es als Erben einsetzte. Dafür musste das Spital treuhänderisch dafür sorgen, dass am Todestag ihrer Eltern und ihres Sohnes oder Bruders für deren

Der Schriftzug erinnert an die einstige Nutzung.

Seelenheil die Messe gelesen werde.» Sonderegger hat auch noch mehr über diese augenscheinlich so reiche Frau herausgefunden: «Sie war Tochter eines Händlers, der aus Bischofszell zuzog», erzählt er. «Sie hat einen Bürgermeister geheiratet, gemeinsam waren sie im Kapitalgeschäft tätig. Sie gaben Kredite gegen Zinsen. Das war nach kirchlichem Recht eigentlich Wucher, deshalb mussten sie dem damaligen Weltbild entsprechend etwas tun, um sich von dieser Sünde freizukaufen.» Und wie die Blarer einst für ihr Seelenheil das Spital gestiftet hatten, bedachte sie selbiges nun mit einer grosszügigen Schenkung. «Ich glaube, das war die reichste Bürgerin St. Gallens», sagt Sonderegger.

«Ich glaube, das war die reichste Bürgerin St. Gallens.»

Das Spital, fasst er zusammen, sei also eine polyfunktionale Institution gewesen: Wirtschaftsunternehmen, Waisenhaus, soziale Fürsorge. «Das funktionierte bis ins 19. Jahrhundert. Dann entsprach es nicht mehr dem neuen hygienischen Selbstverständnis. Daher wurde das Spital aufgegeben, die Stadt baute ein neues Bürgerspital, das heute noch erhalten ist und der Ortsbürgergemeinde gehört.» Haferbrei gibt es dort nicht mehr und auch keine Muespfründner oder *um Gots Willen-Aufgenommene*. Aber auch keine 2,3 Liter Wein pro Tag und Person!

Eva-Maria Bast

So geht's zum Spitalkeller:

Er befindet sich an der Kugelgasse, direkt am Scherrerplatz.

Wasserbecken

Leben für Gallus, Tod für Magdalena

Touristen besuchen scharenweise die Steinach bei der Talstation der Mühleggbahn. Denn hier soll im 7. Jahrhundert die Geschichte der Stadt St. Gallen begonnen haben. Der Wandermönch Gallus aus Nordirland hat angeblich an dieser Stelle der Steinach seine Missionarsreise beendet und sich als Einsiedler zurückgezogen, um von einer Krankheit zu genesen. Jedes St. Galler Schulkind lernt die Legende, laut der Gallus einen Bären fütterte, der ihm dafür Feuerholz brachte. Die Steinach bot Gallus Wasser und Fische – und hielt ihn damit am Leben. Kaum bekannt ist jedoch die Tatsache, dass derselbe Flussabschnitt rund 900 Jahre später für zehn Menschen den Tod bedeutete. Und dabei handelte es sich keineswegs um einen Unfall. Das Wasser, das sich über die Jahre in den Stein frass, bildete an dieser Stelle ein natürliches Becken. «Hier wurden zum Tode verurteilte Menschen zwischen 1465 und 1595 ertränkt», sagt Dr. Dorothee Guggenheimer, Archivarin im Stadtarchiv der Ortsbürgergemeinde.

Es gab früher in den hiesigen Breitengraden sieben verschiedene Todesstrafen, die je nach Schwere des Delikts verhängt wurden. Zu den häufigsten zählten Erhängen und Enthaupten. «Enthaupten galt damals als humane Todesstrafe, einige Delinquenten wurden von der ursprünglichen Verurteilung zu einer Enthauptung begnadigt», erklärt Dorothee Guggenheimer. Andere Todesstrafen waren Ertränken, Vierteilen, Rädern, Lebendig Begraben und Verbrennen. «Letztere Strafe wurde vor allem für Hexen und Zauberer angewendet, wenn man sicherstellen wollte, dass vom Verurteilten nichts mehr übrigblieb.» Das Ertränken kam vornehmlich bei Frauen zum Einsatz. In der Steinach fanden acht Frauen und zwei Männer den Tod. Einige Frauen, die so getötet wurden, waren wegen Kindsmordes verurteilt, andere wegen mehrfachem Diebstahl oder Inzest. «Dabei ist es wichtig zu wissen, dass es damals üblich war, Geständnisse durch Folter zu

Dr. Dorothee Guggenheimer muss beim Anblick des Wasserbeckens an die Menschen denken, die hier den Tod fanden.

erzwingen. So hat der Scharfrichter auch unschuldige Menschen hingerichtet», sagt Dorothee Guggenheimer. Der Vollzug der Todesstrafe fand jeweils öffentlich statt, daher ist anzunehmen, das dem schrecklichen Schauspiel viele Menschen beiwohnten. «Wurde jemand zum Tode durch Ertränken verurteilt, fesselte man der Person die Hände auf dem Rücken und führte sie durch das damalige Müllertor aus der Stadt zur Steinach», erklärt die Historikerin. Der Scharfrichter band sie in einen Sack und warf sie an der Stelle des sogenannten Louffters ins Wasser. «Das altdeutsche Wort Louffter, neudeutsch Läufter, bezieht sich auf den Wasserlauf, der an dieser Stelle besonders stark ist», erklärt Dorothee Guggenheimer. Wenn die verurteilte Person sich im hier tiefen Flussbecken befand, drückte der Scharfrichter sie mit einer Stange so lange unter Wasser, bis sie tot war. Eine Vorstellung, die einem selbst an warmen Sommertagen einen Schauer über den Rücken jagt. Die Leiche wurde nach vollstreckter Strafe aus dem Wasser gezogen. «Da wir keine Namen von Ertränkten im Totenbuch fanden, muss angenommen werden, dass die Leichen entweder verbrannt oder auf dem Malefikantenfriedhof verscharrt wurden», erläutert Dorothee Guggenheimer. Sie erhielten also keine kirchliche Bestattung, man begrub sie getrennt von den anderen Toten.

Eine der zum Tod durch Ertränken verurteilten Frauen war Magdalena Bruggerin, die als Magd in einem herrschaftlichen St. Galler Haushalt angestellt war. Sie wurde wegen Kindsmord zum Tode verurteilt, wie aus Verhörprotokollen hervorgeht. «Drei Männer badeten im Sommer 1558 im damaligen Abtsweiher bei der Weiherweid. Dort entdeckten sie die Leiche eines weiblichen Säuglings», erzählt Dorothee Guggenheimer. Man habe bald herausgefunden, dass Magdalena Bruggerin die Mutter war. Sie gab zu Protokoll, dass sie vom Sohn des Kaufmanns, bei dem sie arbeitete, geschwängert worden sei. «Als die Wehen einsetzten, schlich sie aus dem Haus und gebar unbeobachtet hinter einem Miststock ein Mädchen. Später sagte sie, sie habe den Säugling für tot gehalten und ihn deshalb in den Abtsweiher geworfen», erzählt Dorothee Guggenheimer weiter. Da zu dieser Zeit nicht untersucht werden konnte, woran Magdalenas Kind gestorben war, wurde sie zum Tod durch Ertränken verurteilt. «Der Sohn des Dienstherrn, der sie durch einvernehmlichen oder erzwungenen Geschlechtsverkehr in diese Lage gebracht hatte, tritt in den Quellen nicht weiter in Erscheinung. Man hatte ihn wohl nicht einmal vernommen», vermutet Guggenheimer. Damals habe es auch oft Männer gegeben, die den Frauen die Ehe versprachen, um sie in ihr Bett zu locken. Wenn die Frau dann schwanger war, wusste der Mann von seinem Versprechen nichts mehr. Für Eheversprechen gab es keine Zeugen und somit auch keine Beweise. Ledige Mütter waren damals gesellschaftlich geächtet. «Heute würden bei einer solchen Tat vor Gericht wohl mildernde Umstände diskutiert. Das gab es im Mittelalter nicht», konstatiert die Archivarin.

Ein anderes Verbrechen, das ebenfalls mit Tod durch Ertränken geahndet wurde, war das Stehlen von Leinentüchern. Was nach einem Bagatelldelikt klingt, galt in der Textilstadt St. Gallen als schweres Verbrechen. «St. Gallens Wirtschaft und somit Wohlstand beruhte auf der Produktion und dem Export von Leinwandtüchern», erklärt Dorothee Guggenheimer. Wer Textilien stahl, gefährdete den Ruf der Stadt. Um Nachahmertaten zu verhindern, wurden diese Diebstähle mit harten Strafen geahndet.

Heute fliesst die Steinach ab der Talstation der Mühleggbahn unterirdisch weiter. Der St. Galler Künstler Roman Signer hat hier eine Installation gestaltet. Durch einen Schacht kann man dem Fluss zusehen, wie er in einem Strudel im Boden verschwindet. Bei Dorothee Guggenheimer löst das Kunstwerk auch eine Gänsehaut aus: «Bei diesem Anblick denke ich unweigerlich an die Menschen, die hier den Tod fanden.»

Mirjam Bächtold

So geht's zum Wasserbecken:

Das Wasserbecken befindet sich an der Talstation der Mühleggbahn an der Mühlenstrasse 2.

GEBURTSHAUS DES

40

Steintafel

Fliegerpionier aus St. Gallen

Walter Mittelholzer einfach nur «Flieger» zu nennen, ist eine Untertreibung. Doch so steht es auf der Gedenktafel, die am Haus an der Augustinergasse 19 angebracht ist: *Geburtshaus des Fliegers Walter Mittelholzer 1894–1937.* Mittelholzer war mehr als ein Flieger – und das verrät die Tafel nicht. Er war ein Pionier der Luftfahrt, er war Reisefotograf und -schriftsteller, Unternehmer und er war bis zu seinem Tod Direktor der Swissair. Walter Mittelholzer kam über das Fotografieren zum Fliegen. «Der Bäckerssohn fuhr schon während seiner Schulzeit ins Appenzellerland, wo er Landschaften fotografierte und diese Bilder in Postkartengrösse verkaufte», sagt Thomas Ryser, wissenschaftlicher Mitarbeiter im Stadtarchiv der Ortsbürgergemeinde. Später absolvierte er eine Lehre zum Fotografen. 1915 wurde Mittelholzer im Militärdienst bei der Fliegertruppe als Fotograf eingeteilt. «Das Fliegen hat ihn wohl gepackt, denn 1917 absolvierte er das zivile Flugbrevet und 1918 das militärische Fliegerpatent», sagt Ryser.

Da die Fliegerei damals noch in den Kinderschuhen steckte, war es oftmals auch eine Glückssache, heil wieder auf die Erde zu kommen. Und Mittelholzer hatte viel Glück. Einer Katze mit mehreren Leben gleich, überlebte der Pilot diverse Bruchlandungen und einen schlimmen Absturz. 1922 sollte Walter Mittelholzer ein Flugzeug des Typs Hanriot von Mailand nach Dübendorf fliegen. Nach einigen Probeflügen startete er am Vormittag des 29. März und nahm Kurs Richtung Greinapass. «Auf etwa 4500 Metern Höhe angelangt, befand er sich plötzlich im Nebel, der ihm jede Bodensicht versperrte. Ein kurzes Aufreissen des Nebels ermöglichte dem Piloten die Sicht auf die Medelserberge», schreibt Emil Brunner in der Zeitung *Die Ostschweiz* vom 29. Juli 1969. Die Berge im Blick, stieg er auf 5 000 Meter und nahm Kurs auf Dübendorf. Als Mittelholzer dachte, er befände sich über dem oberen Zürichsee, startete er den Sinkflug. Doch ein kräftiger Nord-

Thomas Ryser vor dem Geburtshaus Walter Mittelholzers.

west-Gegenwind hatte ihn vom Kurs abgetrieben. Zudem setzte ein Schneetreiben ein und so sah Walter Mittelholzer die Felswand zu spät. Er riss sofort das Höhensteuer nach oben, was ihm wahrscheinlich das Leben rettete, denn so prallte er nicht frontal, sondern mit der Unterseite voran in die Felswand. Als er auf einem Schneefeld aus der Bewusstlosigkeit erwachte, wäre er ein zweites Mal fast gestorben: «Eine Lawine riss den schwerverletzten Piloten mit und schleuderte ihn nach einigen hundert Metern gegen eine Tanne», heisst es im Artikel weiter. Mehr kriechend als gehend gelangte Mittelholzer mit gebrochenem Bein und Wunden am Kopf zu einer Alphütte, die er von einer Bergtour kannte. Frierend und hungrig verbrachte er die Nacht bei etwa minus 20 Grad. Am nächsten Tag schleppte er sich ins Tal, wo ein Bauer ihn 36 Stunden nach dem Aufprall des Flugzeugs schliesslich fand und versorgte.

Trotz der vielen Bruchlandungen gab Walter Mittelholzer seine Leidenschaft für das Fliegen nie auf. 1919 gründete er gemeinsam mit seinem Fluglehrer Alfred Comte die erste schweizerische Fluggesellschaft die «Comte, Mittelholzer & Cie.», die 1920 mit der «Ad Astra» zur «Ad Astra Aero» fusionierte. «Aus dieser wiederum entstand zusammen mit der ‹Balair› 1931 die ‹Swissair› und Mittelholzer wurde ihr erster Direktor und Chefpilot», sagt Thomas Ryser.

Die Gedenktafel wurde vom Aero-Club Schweiz, Sektion «Säntis», gestiftet.

Mittelholzers grösster Erfolg war die erste Afrika-Nord-Süd-Traversierung in den Jahren 1926/27. Er startete im Dezember 1926 am Zürichhorn mit einem Wasserflugzeug des Typs «Dornier Merkur» und erzielte sowohl den Dauer- als auch den Distanzweltrekord. Zudem war Mittelholzer der erste Pilot, der 1924/25 auf einem Persienflug den 5604 Meter hohen Berg Damawand im Iran überflog. «1930 überquerte er ebenfalls als Erster den 5895 Meter hohen Kilimandjaro», schildert Ryser. Auf all seinen Flügen fotografierte und filmte er, der grösste Teil seiner Fotografien befindet sich in der Bibliothek der Eidgenössischen Technischen Hochschule ETH und ist in deren online Bildarchiv frei zugänglich. Mittelholzer war auch der erste Flugfotograf, dessen Bilder für kartografische Zwecke zum Einsatz kamen. 1935 wurde er angefragt, ob er nicht als Nationalrat kandidieren wolle. Dies lehnte er jedoch zugunsten der Fliegerei ab.

1937 wurde Walter Mittelholzer erneut eine Felswand zum Verhängnis. Doch der Flugpionier starb nicht bei einem Flugzeugabsturz: Gemeinsam mit zwei Freunden war er unterwegs zu einer Klettertour in der Steiermark. «Das Seil riss und Mittelholzer und seine Freunde stürzten in den Tod», schildert Ryser das tragische Ereignis. Der Flugpionier hinterliess 25 000 Flugaufnahmen und über 24 Stunden Film.

«Das Seil riss und Mittelholzer und seine Freunde stürzten in den Tod.»

Walter Mittelholzer war ein Mann mit vielen Talenten. In einem Nachruf in der *Thurgauer Zeitung* hiess es: «Er war kein Prahler. Doch was er konnte, das hat er nicht unter den Scheffel gestellt.» Die Gedenktafel wurde einige Monate nach Mittelholzers Tod im Januar 1938 an seinem Geburtshaus angebracht. Gestiftet hat sie der Aero-Club Schweiz, Sektion «Säntis», mit Unterstützung der politischen Gemeinde St. Gallen sowie der Ortsbürgergemeinde St. Gallen.

Mirjam Bächtold

So geht's zur Steintafel:

Sie befindet sich am Haus an der Augustinergasse 19, jedoch auf der Hausseite, die zum Unteren Graben hinausgeht.

41

Klosterinnenhof

Verwunschen und vergessen

Es ist nur ein Schritt. Aber dieser eine Schritt führt in eine andere Welt. Eine Welt, die, wie Stefan Sonderegger sagt, wenig bekannt ist. Eine stille Welt ist das, eine, in der Geschichte atmet. Ein Kreuzgang, in dem es angenehm kühl ist; Licht, das auf den Klostergarten fällt. «Wir stehen hier im Innenhof des ehemaligen Klosters St. Katharinen», beginnt der Leiter des Stadtarchivs der Ortsbürgergemeinde zu erzählen. «Und er ist wenig bekannt. Denn St.Gallen kennt man eigentlich nur im Zusammenhang mit dem grossen Benediktinerkloster, das auf Gallus zurückgeht.» Aber daneben hätten sich auf altstädtischem Boden immer auch Frauenklöster befunden, die teilweise schon im 13. Jahrhundert gegründet wurden. So auch das Katharinenkloster, in dem Dominikanerinnen lebten. «Ganz ursprünglich war es aber kein Kloster, sondern ein Beginenhaus aus dem Jahr 1228», sagt Sonderegger. Gestiftet wurde es von Bertoldus cocus (Kuchimeister) und dem Wohltäter Ulrich Blarer. «Beginen sind nicht offiziell in einen Orden inkorporierte Frauen, die dennoch ordensähnlich lebten und Hilfsbedürftige unterstützten», erklärt Sonderegger. Im Jahr 1244 sei ein Teil dieser Beginen mit ihrer Mutter Oberin bereits wieder ausgezogen, um das heute noch existierende Zisterzienserinnenkloster Magdenau zu gründen.

Doch das Leben in dem kleinen Kloster in St. Gallen geht auch nach dem Auszug der Nonnen weiter: 1368 nehmen die hier lebenden Schwestern die Dominikanerinnenregel an und werden zu Dominikanerinnen, 1369 erhält das Kloster einen eigenen Friedhof und eine Kirche. «Dies bedeutete die Loslösung des kleinen Klosters von der Stadtkirche St. Laurenzen», unterstreicht der Stadtarchivar die Bedeutung.

Beim Grossen Stadtbrand im Jahr 1418 brennt das Kloster offenbar nieder: «Dendrochronologische Untersuchungen ergaben, dass die

Dr. Stefan Sonderegger hat im Innenhof Platz genommen.

hier verbauten Hölzer nicht älter als aus dem Jahr 1418 sein können», sagt Stefan Sonderegger. 100 Jahre vergehen, dann kommt mit der Reformation eine Zeit, die für das Kloster das Ende bedeuten wird: Es ist im Jahr 1526, als der damalige Bürgermeister und Humanist Joachim von Watt, besser bekannt als Vadian (1484-1551), die Reformation in St. Gallen einführt. Für das kleine Kloster heißt das nichts Gutes: «1527 kommt es zu Bilderstürmen, wovon auch das Kloster St. Katharinen betroffen ist», erzählt der Stadtarchivar die wechselvolle Geschichte weiter. «1528 dringen Stadtknechte in die Zellen der Nonnen ein, man zwingt sie, das Klosterleben aufzugeben und fordert von ihnen, dass sie in die St. Mangenkirche in den Gottesdienst gehen, die Predigt eines zum neuen Glauben übergetretenen Priesters hören und ihre Nonnentracht ablegen.» Einige der Nonnen treten daraufhin aus und fliehen in Gebiete, die von der Reformation nicht betroffen sind, andere geben nach und nehmen den reformierten Glauben an. Drei Nonnen weigern sich jedoch zu gehen und harren bis zum Ende in St. Katharinen aus. Übrigens: Eine von jenen, die das Kloster zwangsweise verlassen, ist die Schwester des Reformators Vadian. «Sie ist vor der Reformation noch als letzte Frau in dieses Kloster eingetreten und wurde dann zum Austritt gezwungen. Vermutlich hat das familienintern zu einigen Diskussionen geführt», kommentiert Stefan Sonderegger die damalige Situation.

Kreuzgang: Dieser Ort ist eine Oase der Ruhe im Zentrum der Stadt.

Im Jahr 1555 kommt es zur Auflösung. «Die Nonnen errichteten einen bescheidenen Konvent ausserhalb der Stadt», sagt Sonderegger. Doch es werden auch wieder andere Zeiten kommen: Als die Stadt

St. Gallen das Kloster im Jahr 1594 kauft, erhalten die Ordensschwestern eine stolze Summe. Das Geld legen sie in den Bau eines neuen Klosters, St. Katharina in Wil, an, das sie im Jahr 1607 beziehen.
In den nun erworbenen ehemaligen Klostergebäuden von St. Katharina richtet die Stadt eine Knabenschule ein, was der Örtlichkeit in jenen Jahren den Namen «Bubenkloster» einträgt. Auch die Bibliothek von Vadian ist hier fortan beheimatet. Schule und Bibliothek führen bis 1855 in St. Katharinen eine Koexistenz.
Später wird das einstige Kloster dann aber doch noch einmal sakral genutzt: «Ab 1685 bis in die 1870er-Jahre befand sich hier die französische Kirche der Hugenotten, die ja Anhänger des reformierten Glaubens waren», sagt Sonderegger. «Viele dieser französischen Glaubensflüchtlinge unterrichteten die Bürgersöhne auch in Französisch.» Denn das Beherrschen der französischen Sprache sei damals ausgesprochen wichtig gewesen, da Frankreich ab dem 16. Jahrhundert für den Handel mit Textilien eine zentrale Rolle gespielt habe. Und ganz im Sinne Vadians zog auch wieder eine Bibliothek ein: War dies bis Anfang 2015 die St. Galler Freihandbibliothek, so ist heute die «Stadtbibliothek Katharinen» hier beheimatet.

Ein schönes Ende für diese wechselvolle Nutzung. Denn Literatur bedeutet ja in gewissem Sinne auch Einkehr. Wer will, kann sich mit dem neu ausgeliehenen Buch gleich hier, im einstigen Kreuzgang, der Lektüre widmen.

Eva-Maria Bast

So geht's zum Klosterinnenhof:

Das einstige Kloster steht an der Katharinengasse 11.

Wettistein

Gassenspülung und Pferdeschwemme

In St. Georgen steht ein uralter Stein, dessen abgerundete Spitze aussieht wie eine Pyramide. Allerdings befindet sich der betagte Stein erst seit kurzer Zeit – genauer gesagt seit 2011 – an seiner jetzigen Stelle am Ende der steilen Wenigerstrasse, wo ein kurzer Kiesweg abzweigt. Wie kam der unauffällige, bearbeitete Sandstein, der wie ein Findling wirkt, an diesen Ort? Und wo befand er sich während all der Jahrhunderte, die er zweifelsohne auf dem Buckel hat, vorher? Dass er einer bestimmten Funktion diente, erkennt man an seiner pyramidalen Form. Stadtarchivar Marcel Mayer kennt die Antworten auf diese Fragen:

«Es handelt sich um einen Stein aus der Wettimauer – und gefunden wurde er im Jahr 2011 bei Bauarbeiten zwei Meter unter dem Gallusplatz mitten in der Altstadt in der Nähe des Westeingangs der Kathedrale», sagt er. «Wetti bedeutet gemäss dem *Dialektwörterbuch Idiotikon* ein künstlich angelegter Weiher», erklärt der Stadtarchivar die Bedeutung des in Vergessenheit geratenen Begriffs. Der Stein stammt also aus einer Mauer, die den Wettiteich fasste, der sich vor der heutigen Klosterdrogerie befand. Und tatsächlich taucht er auch in der Äbtechronik Vadians auf: Er schreibt, dass die Stadt bereits im Jahr 1384 mit grossen Kosten «ein steinin wassergang» in den Nagelfluhfelsen der Mühlenenschlucht hauen liess, um den Wassersammler zu füllen. Ein Teil des Wassers der Steinach wurde auf die Mühlen in der Schlucht geleitet und der andere Teil zum Gallusplatz in den Wettiweiher. Dort sollen jedoch nicht nur Pferde gebadet (geschwemmt), sondern auch Kindsmörderinnen und andere Missetäter ertränkt worden sein. «Sowohl zur Spülung der offenen Stadtkanäle, zur Reinigung von Leinwandgarn wie auch als Bad für die Arbeitspferde diente die 38 Meter lange und zehn Meter breite Wetti», fährt der Archivar fort. An die offene Stadtkanalisation erinnert heute noch ein Stellriemen, der mitten durch die Spisergasse verläuft und die ehemals offene Rinne

Der einstige Stadtarchivar Marcel Mayer zeigt den Wettistein, der auf verschlungenen Pfaden nach St. Georgen kam.

überdeckt, wobei Plumpsklo und übriges Abwasser getrennt wurden. Mit dem langsamen Zusammenbruch des Leinwandhandels in den Jahren 1760-1770 wurde mehr und mehr Baumwolle in der Wetti gewaschen.

«Im Jahr 1877 gab es erste Beschwerden wegen der stinkenden Wetti», erzählt Marcel Mayer weiter. «Eine Hygienebewegung kam auf und regelmässiges Baden wurde den Stadtbewohnern empfohlen. Dieses neu erwachte Gesundheitsbewusstsein führte letztlich das Ende der Wetti herbei. 1883/84 wurde sie zugedeckt und 1926 aufgefüllt.» Damit verschwand sie allmählich auch aus dem Bewusstsein der Menschen, nur noch wenige haben heute Kenntnis von ihrer jahrhundertelangen Existenz.

Teile der Wettimauer wurden bereits 2008 und 2010 ausgegraben – dabei fanden die Bauarbeiter auch alte Holzbalken aus der Sohle des Bassins. Nach einer sorgfältigen Erfassung und Dokumentation wurde die Wettimauer 2011 abgebrochen.

Die alten Mauersteine der Wetti wurden von Landschaftsgärtner Adrian Heeb vor dem Schredder gerettet und in einem Privatgarten in Flawil verbaut. Einen Stein stellte er im eigenen Garten auf und einen anderen schenkte er einem Freund, der ihn an der Wenigerstrasse 34a auf öffentlichem Grund platzierte.

Markus Wigert

So geht's zum Wettistein:

Von der St. Georgenstrasse zweigt bei der Bushaltestelle Bach die Wenigerstrasse ab. Am Ende der steilen Strasse bei der Hausnummer 34a steht der Wettistein.

Prachtvoll: Der goldene Pelikan.

43

Pelikan

Zeichen der Nächstenliebe und der Weltoffenheit

Stolz und golden schwingt der Pelikan seine goldenen Flügel. Majestätisch wirkt er und auch ein wenig so, als sei er auf dem prachtvollen Erker nur kurz zwischengelandet und im Begriff, sich jeden Moment in die Lüfte zu erheben. Wie Doris Bentele in ihrem Buch *Erker der Stadt St. Gallen* schreibt, verweist der Vogel, der in einer Dornenkrone sitzt, auf den 1733 erstmals urkundlich erwähnten Hausnamen. Den Erker liess der damalige Besitzer, David Huber, zu Beginn des 18. Jahrhunderts an das bestehende Haus anbauen.

Und so, wie die Dornenkrone ein Symbol für das Märtyrertum ist, ist der Pelikan das Sinnbild der Nächstenliebe: Einer Legende nach füttert der Pelikan in der Not seine Kinder mit seinem eigenen Blut, reisst sich dafür die Brust auf und nährt sie so lange, bis sie gestärkt sind – und er selbst entkräftet stirbt. Ihren Ursprung hat diese Legende wohl in der Antike: Beobachter sollen damals festgestellt haben, dass Pelikane ihre Nahrung hervorwürgen, um ihren Nachwuchs zu füttern. Dabei wollen sie entdeckt haben, dass die Brust des Pelikans mit Blut beschmiert war. Es handelte sich wohl um Fischblut, wurde aber so interpretiert, dass der Pelikan seine Jungen mit seinem eigenen Blut nährt.

Indem der Besitzer des Hauses den goldenen Pelikan ganz oben auf dem Erker platzierte, wollte er verkünden: Hier wohnt ein Mensch, bei dem Nächstenliebe gross geschrieben wird. Weitere Informationen übermitteln die Brüstungsfelder. In goldener Schrift wird angezeigt, was zu sehen ist, nämlich die vier Kontinente Europa, Asien, Afrika und Amerika. Der fehlende Kontinent Australien war zwar zur Zeit des Erkerbaus schon von Seefahrern verschiedener Nationen entdeckt worden, wurde formell jedoch erst 1770 von Kapitän Cook für die britische Krone in Besitz genommen. Jedes Feld zeigt einen Wagen mit einer Frau oder einem Mann mit entsprechender Ausstattung – Krone und Zepter, Turban und Rauchgefäss, Palmblätter-Sonnenschirm und Köcher mit Pfeilen, Federschmuck und Papagei – aus dem jeweiligen Erdteil. Die Zugtiere – Pferde, Kamele, Löwen und Hunde – können ebenfalls den passenden Kontinenten zugeordnet werden. Getragen wird der Erker von einem Adler mit ausgebreiteten Schwingen und zwei Halbfiguren mit warnenden Gesten. An ihren Kopfbedeckungen und den langen Schnurrbärten sind sie als Janitscharen, als Leibwächter eines Sultans, zu erkennen. Über ihren Köpfen befinden sich zwei Krokodile, die je

Doris Bentele blickt zum Erker empor.

einen flatternden Adler an den Schwanzfedern festhalten. Wie an vielen Erkern, sind auch am Pelikanerker zahlreiche Schutzengel und furchterregende Masken angebracht, die die Bewohner vor Krankheit bewahren und allem Übel schützen. Die Fruchtbündel neben den Fenstern sollen Fruchtbarkeit und Reichtum Einlass gebieten.

«All dies zeugt nicht nur von grossem Wissen und Belesenheit des Hausbesitzers, sondern auch von dessen Weltoffenheit und Reiselust», sagt Doris Bentele. «Bemerkenswert ist bei diesem Erker auch die ausserordentlich kunstvolle Gestaltung der Figuren, man kann sogar vermuten, dass dieser Erker aus der gleichen Werkstatt stammt wie der Kamelerker an der Spisergasse», fährt die Kunsthistorikerin fort. «Interessant ist hier auch die Materialität. Wurden die ersten Erker an Privathäusern zunächst aus Sandstein gebaut, waren ab Mitte des 17. Jahrhunderts Eichen- und Lindenholz die bevorzugten Baumaterialien.» Ob die Erker unbemalt gelassen oder mit lebhaften Farben bemalt wurden, entspreche den jeweiligen Modeströmungen. Und noch eine Besonderheit weise der Pelikanerker auf: «Von weitem wirkt er wie ein Steinerker, in Wirklichkeit ist er jedoch ein mit grauer Ölfarbe bemalter Holzerker», erläutert sie und sagt: «Unbestritten ist er einer der schönsten und interessantesten Erker St. Gallens.»

«Bemerkenswert ist bei diesem Erker auch die ausserordentlich kunstvolle Gestaltung der Figuren, man kann sogar vermuten, dass dieser Erker aus der gleichen Werkstatt stammt wie der der Kamelerker an der Spisergasse.»

Eva-Maria Bast

So geht's zum Pelikan:

Er befindet sich an der Schmiedgasse 15.

HIER STAND DAS GASTHAUS
ZUM ROESSLI WO EXKOENIG
GUSTAV IV
VON SCHWEDEN
SEINE LETZTEN 4JAHRE WOHNTE
UND AM 7. FEBRUAR 1837 STARB
THE ULTIMATE
Experience
WURST · DURST · BURGERS
Leon
GRILL

44

Sandsteintafel

Ein königlicher Pechvogel zu Besuch

Die Imbissbude beim ehemaligen Multertor erregt grössere Aufmerksamkeit als die Hausfassade, vor der sie steht. Kaum einem St. Galler fällt die unscheinbare Steintafel auf, die auf Höhe des ersten Stocks am Kaufhaus angebracht ist. Doch ein Blick nach oben verrät Spannendes über die Stadtgeschichte: *Hier stand das Gasthaus zum Roessli wo Exkoenig Gustav IV. von Schweden seine letzten 4 Jahre wohnte und am 7. Februar 1837 starb* ist in den Sandstein gemeisselt. Warum Gustav IV. Adolf von Schweden (1778-1837) nicht als König in seinem Heimatland starb, sondern als Exkönig im Exil, weiss Markus Kaiser, ehemaliger Mitarbeiter des Staatsarchivs St. Gallen: «Er war zur falschen Zeit am falschen Ort und hatte einfach Pech.» Die falsche Zeit war das beginnende 19. Jahrhundert. Der falsche Ort war der schwedische Thron in einem Europa, in dem die napoleonischen Kriege wüteten. Gustav IV. Adolf von Schweden (1778-1837) wurde bereits mit 14 Jahren König, nachdem sein Vater auf einem Maskenball ermordet worden war. Dieses Ereignis soll die Vorlage für Verdis Oper «Ein Maskenball» gebildet haben, schreibt Kriemhild Ysker in *Die Boje – Mitteilungsblatt des Heimatvereins Wilhelmshaven* vom Juli 2007. Nach vier Jahren unter der Vormundschaft seines Onkels bestieg Gustav IV. Adolf von Schweden 1796 mit Eintritt der Volljährigkeit den Thron. Bereits im folgenden Jahr heiratete er Prinzessin Friederike von Baden (1781-1826).

Innenpolitisch konnte Gustav IV. Adolf von Schweden einige Erfolge verzeichnen. Seine Bodenreformen verhinderten die Aufsplitterung von Ackerland in unrentable Parzellen und der Ertrag des Bodens wurde durch neuen Anbau verbessert. Zudem wurde der Ertrag des Eisens verdreifacht. Doch aussenpolitisch musste der König massive Misserfolge hinnehmen. Gustav IV. Adolf von Schweden war ein erbitterter Gegner des französischen Kaisers Napoleon (1769-1821) und führte sein Land 1805 an der Seite Englands und Russlands

Markus Kaiser kennt die Geschichte dieser Gedenktafel.

in den Dritten Koalitionskrieg gegen die Franzosen. Doch er verlor Pommern und die Insel Rügen an Frankreich. «Beim Frieden von Tilsit 1807 zwang Napoleon Zar Alexander I. von Russland zum Angriff auf Finnland», schildert Kriemhild Ysker die Ereignisse weiter. Das damals zu Schweden gehörende Finnland ging an Russland über. «Als der König seiner Leibgarde Feigheit vor dem Feind vorwarf, hatte er sich das letzte Wohlwollen verscherzt. Eine neue Kriegssteuer brachte auch bei der breiten Masse das Fass zum Überlaufen.»
Nur eine Stunde dauerte die folgende Revolution, die völlig unspektakulär über die Bühne ging. Am 29. März 1809 wurde Gustav IV. Adolf von Schweden gezwungen, vom Thron zurückzutreten. Der Ständereichstag setzte ihn am 10. Mai formell ab und schloss ihn und seine Nachkommen von der Thronfolge aus. Die Nachfolge trat Gustavs Onkel an, der napoleonfreundlich gesinnt war und als Karl XIII. (1748-1818) das Zepter übernahm. Die Familie des Exkönigs wurde des Landes verwiesen.

In den darauffolgenden Jahren hielt sich Oberst Gustafsson, wie er sich nun nannte, in den verschiedensten Ländern Europas auf. 1812 trennte er sich von seiner Frau Friederike, die mit den Kindern fortan am elterlichen Hof in Karlsruhe lebte. Im Jahr 1817 beantragte er das Bürgerrecht in Basel. Dieses erhielt er unter der Voraussetzung, bürgerlich zu werden und 1500 Franken Gebühr zu zahlen. Doch da er während der ersten zehn Jahre kein öffentliches Amt innehaben durfte, fühlte er sich nutzlos. Es ist nicht ganz klar wann, aber zwischen 1820 und 1822 gab er seine Wahlheimat wieder auf und irrte erneut durch Europa. Zwischen 1827 und 1829 wohnte er in der Bücherstadt Leipzig, wo er seine Memoiren unter dem Titel *Mémorial du Colonel Gustafsson* herausbrachte.

Die Gedenktafel wurde 1940 von der schwedischen Gesandtschaft veranlasst.

Seine Reise führte ihn noch weiter: Am 25. Oktober 1833 kam Oberst Gustafsson nach St. Gallen. Hier wohnte er im Gasthof «Weisses Rössli», das er von einem früheren Aufenthalt kannte. Beim Wirt Samuel Näf und seiner Familie fühlte er sich offensichtlich wohl, denn er blieb mehrere Jahre. Das Zimmer konnte er sich leisten, weil seine Familie ohne sein Wissen Geld an die Wirtsleute schickte. Hier veröffentlichte der Exkönig weitere Schriften, etwa *La Journée du 13 Mars*, in der er seine Sicht auf die schwedische Revolution beschreibt.
So wohl er sich auch gefühlt haben mag, lange Gesundheit war ihm nicht vergönnt: Im Dezember 1836 häuften sich die Symptome der Wassersucht, heute bekannt als Ödem. Der Oberst litt an geschwollenen Füssen, Husten und Engbrüstigkeit. Am Morgen des 7. Februars 1837 fanden die Wirtleute Oberst Gustafsson tot in seinem Bett, gestorben am Stickfluss (Lungenödem). Der Leichnam wurde einbalsamiert und Herz und Eingeweide hermetisch in zwei Urnen verschlossen. Er wurde in der Sakristei der St. Mangenkirche aufgebahrt, bis ihn ein Bevollmächtigter des Prinzen von Wasa (Gustafssons Sohn) abholte und ihn in der Familiengruft der Wasa beisetzte. 1884 überführte man seine Gebeine nach Stockholm in die Reddarholmskyrkan, die Grablege der schwedischen Könige. Im Jahr 1973 wurden sie abermals verlegt, diesmal zum königlichen Friedhof nach Hagaparken. Erst im Tod wurde ihm die Würde des Königs wieder zuteil.

Mirjam Bächtold

So geht's zur Sandsteintafel:

Sie befindet sich beim ehemaligen Multertor, am Kaufhaus Globus an der Multergasse 47.

45

Fratze

Rache hat ein Gesicht

Als Erstes fällt die Frau auf dem Broderbrunnen auf: Oben nackt, um die Beine ein nasses Tuch geschlungen, das ihren Körper betont. Es ist Aphrodite – lateinisch Venus – welche auf einem Delfin steht und von zwei Nymphen umgarnt wird. Erst bei genauerem Hinsehen bemerkt man eine Fratze, die sich auf der Nordseite, auf Höhe von Aphrodites Füssen, befindet. Mit dem langen Bart und der dicken Knollennase erinnert das pausbäckige Gesicht ein bisschen an einen Wassermann. Tatsächlich hatte die Fratze jedoch ein lebendes Vorbild: Der Künstler soll hier Stadtbaumeister Albert Pfeiffer (1851-1908) dargestellt haben – und zwar aus Rache.

Dieser Künstler war der Toggenburger Bildhauer August Bösch (1857-1911), die Bauleitung für den Broderbrunnen hatte Albert Pfeiffer. Das Geld für den Bau stiftete der Sarganser Kantonsrichter Hans Broder (1845-1891), nach dem der Brunnen benannt ist. Die Summe von 20 000 Franken musste zweckgebunden für die Errichtung eines monumentalen Brunnens eingesetzt werden. «Der Zeitpunkt des Brunnenbaus passte gut zur Fertigstellung der neuen Bodenseewasser-Versorgungsanlage», sagt Daniel Studer, Direktor des Historischen und Völkerkundemuseums St. Gallen.

Ein erster Kontakt zwischen dem Stadtbaumeister und Bösch kam im Februar 1893 zustande. Doch erst im November desselben Jahres lag ein Entwurf vor, da sich die beiden oft uneinig waren, was das Aussehen des Brunnens betraf. Das Modell, auf das sie sich schliesslich einigten, erhielt im Gemeinderat Zustimmung und man beschloss, die Kunstverständigen der Stadt um ein Urteil zu bitten. Diese fanden aber zu keiner gemeinsamen Lösung, worauf ein St. Galler Kunststreit entbrannte. Letztendlich bewilligte der Gemeinderat das erste Modell des Bildhauers, da es – ausgestellt im Museum – vom Publikum gut aufgenommen wurde. Doch noch bevor Bösch überhaupt mit der Arbeit

Daniel Studer kennt das Geheimnis dieses Brunnens.

beginnen konnte, gab es abermals Änderungswünsche. Der Brunnen sollte kleiner ausfallen als ursprünglich geplant. Im August 1895 wurde dem Künstler mitgeteilt, dass der Architekt Julius Kunkler (1845-1923) und Stadtbaumeister Albert Pfeiffer die Schlussarbeiten überwachen würden. «Wie der Bildhauer auf diese Bevormundung reagierte, wissen wir nicht. Aus verschiedenen Quellen geht indes hervor, dass er sich geärgert haben muss, was massgeblich zur Legendenbildung rund um den Broderbrunnen beigetragen haben dürfte», schreibt Daniel Studer in seinem Buch über den Bildhauer. Und meint damit, dass der Künstler in seiner Wut das wenig schmeichelhafte Konterfei seines Kontrahenten schuf.

Betrachtet man nämlich eine Fotografie von Albert Pfeiffer aus der damaligen Zeit, so weist diese eine verblüffende Ähnlichkeit mit der Fratze des «Wassermanns» am Broderbrunnen auf. «Da die Spezialkommission für den Bau des Broderbrunnens vorschlug, die Rückseite der Figurengruppe durch ‹eventuell eine Tierfigur› zu beleben, nahm August Bösch dies wohl zum Anlass, sich an Pfeiffer zu rächen», sagt Daniel Studer und schmunzelt. Diese Geschichte stützt sich nebst der im Foto bewiesenen Ähnlichkeit auch auf Äusserungen von Böschs Freund Johann Georg Hagmann, der Bildhauer habe 1899 bei ihm wiederholt «seinem Zorn über den Kunstsinn der St. Galler Luft gemacht».

Diese Fratze soll durch einen Streit enstanden sein.

Eine weitere Anekdote rankt sich um das Aktmodell, das Vorbild war für die Aphrodite oder Venus, die Hauptfigur auf dem Broderbrunnen. Diese Frau liess Bösch aus Zürich anreisen. «Hagmann schildert, dass Ehemänner plötzlich über Gebühr Interesse für Aktstudien zeigten, weil sie die halbnackte Frau sehen wollten. Schliesslich zwang die Polizei, die junge Frau nach Zürich zurückzufahren», erzählt Studer. Doch daraufhin habe der Bildhauer Bösch seine Arbeit verweigert.

Wütend soll er zum Polizeivorstand Zuppinger gesagt haben: «Wenn ich einen schönen Frauenbusen modellieren soll, kann ich doch nicht Ihren Hinterteil verwerten.» Schliesslich durfte das Modell erneut nach St. Gallen reisen und Bösch nahm seine Arbeit wieder auf.

Im Frühling 1896 wurden die Gipsfiguren nach Geislingen transportiert, wo sie in der Württembergischen Metallwarenfabrik eine etwa einen Millimeter dünne Kupferschicht durch galvanisches Verfahren in einem elektrolytischen Bad erhielten. Am 27. Oktober 1896 wurde der Brunnen mit einem festlichen Akt eröffnet. Es war für die St. Galler auch der Beginn der Trinkwasserversorgung mit Seewasser. Mit der Zeit zerstörte saurer Regen die hauchdünne Kupferschicht, weshalb die Originalfiguren nun überdacht im Innenhof des Historischen und Völkerkundemuseums aufbewahrt werden. Zwischen 1998 und 2000 fertigte Felix Lehner in seiner Kunstgiesserei Bronzerepliken an, die seit April 2000 auf dem Brunnensockel stehen. Aus Bronze erregen sie bei der männlichen Bevölkerung trotz entblösster Oberkörper heutzutage keine Aufmerksamkeit mehr.

«Wenn ich einen schönen Frauenbusen modellieren soll, kann ich doch nicht Ihren Hinterteil verwerten.»

Mirjam Bächtold

So geht's zur Fratze:

Sie befindet sich am Broderbrunnen, an der Kreuzung Oberer Graben, St. Leonhard-Strasse und Multergasse.

27

46

Torbogen

Die Tür in die Freiheit

Als sie ankamen, wollten sie schlafen. Nichts anderes als schlafen. Und das taten sie auch. Zwei Tage, drei Tage, vier Tage lang. Die Erschöpfung, die tiefe seelische und physische Erschöpfung galt es zu verarbeiten. Und die Erleichterung darüber, dass sie wirklich in Sicherheit waren. Dass man sie nicht in eine Falle gelockt hatte. Denn das hatten viele der 1 200 für den Transport in die Schweiz ausgesuchten jüdischen Häftlinge des KZ Theresienstadt befürchtet: Dass man sie nur holte, um sie in ein Vernichtungslager zu bringen.

Prof. Johannes Gunzenreiner und Prof. Dr. Thomas Metzger haben sich mit ihrer Geschichte beschäftigt und diese für eine Ausstellung aufbereitet. Sie erzählen sie mit Blick auf den großen Torbogen, der den Eingang zum Schulhaus Hadwig überspannt, in dem die ehemaligen Häftlinge aufgenommen wurden: Hier kamen sie nach ihrem Fussmarsch vom Quartierbahnhof St. Fiden an. Schützend breiteten sich Tor und Haus über sie. «Gerade, weil es in der Schweiz eigentlich keinen Gedenkort für die jüdischen Flüchtlinge gibt, ist dieser Ort so wichtig», sagt Johannes Gunzenreiner.

Die Rettungsaktion ereignet sich im letzten Jahr des Zweiten Weltkriegs. Nachdem schon im Dezember 1944 und im Januar 1945 über 1 500 ungarische Juden in die Schweiz gelangten und in St. Gallen für einige Tage in der Kaserne auf der Kreuzbleiche untergebracht worden waren, erreichen am 7. Februar erneut 1 200 Jüdinnen und Juden St. Gallen. Sie kommen aus dem Konzentrationslager Theresienstadt, werden für rund eine Woche im Primarschulhaus Hadwig einquartiert und anschliessend auf verschiedene sogenannte Quarantänelager verteilt. Ende April beherbergte es nochmals für kurze Zeit über 1 000 Menschen, die aus verschiedenen Konzentrations- und Arbeitslagern befreit worden waren.

Zu verdanken haben sie ihre Rettung dem Ehepaar Recha und

Thomas Metzger (links) und Johannes Gunzenreiner vor dem Torbogen.

Isaac Sternbuch, das sich seit den 1930er-Jahren stark in der Fluchthilfe und der Unterstützung von Flüchtlingen in der Schweiz engagiert und ein eigenes Hilfswerk betreibt. Sie gewinnen die Unterstützung des Freiburger Alt-Bundesrats Jean-Marie Musy (1876-1952). Der Plan sieht wie folgt aus: Musy, der vom Ehepaar Sternbuch für seine Reisen entschädigt wird, soll nach Deutschland fahren und sich mit SS-Reichsführer Heinrich Himmler (1900-1945), den er noch aus Vorkriegszeiten kennt, treffen, um mit ihm über die Freilassung von KZ-Häftlingen zu verhandeln. Die Herren konferieren mehrfach und Himmler zeigt sich durchaus offen. Der Grund dafür ist ganz einfach: Der SS-Mann hat die Zeichen der Zeit erkannt und ahnt, dass der Krieg nicht mehr lange dauern wird. Und so braucht Himmler Aktionen, um zumindest noch ein paar weisse Flecken auf seine tiefschwarze Weste zu bekommen oder die Alliierten vielleicht davon zu überzeugen, gemeinsam gegen die Sowjetunion vorzugehen.

Am 3. Februar erfahren die Juden im KZ Theresienstadt, dass es am 5. Februar einen Transport in Richtung Schweiz geben soll. «Das hat aber zunächst keineswegs Erleichterung, sondern vielmehr grosse Aufregung ausgelöst», erzählt Gunzenreiner. «Die Häftlinge wollten nicht glauben, dass der Weg in die Freiheit führen würde und fürchteten, es sei, wie schon so oft zuvor, ein verdeckter Transport in ein Vernichtungslager.» Deshalb weigern sich auch viele, die ausgewählt wurden, am Transport teilzunehmen, andere wiederum, deren Verwandte in Theresienstadt umgekommen sind, erhalten erst gar keine Erlaubnis. Auf diese Weise will man Berichte über die unmenschlichen Zustände eindämmen. Der Lagerkommandant gibt denen, die schliesslich für den Transport feststehen, noch mit auf den Weg, ja nicht schlecht über Theresienstadt zu reden, sonst würde es denjenigen, die im Lager verbleiben, übel ergehen.

Am 5. Februar 1945 ist es dann soweit: Die Häftlinge besteigen gegen 16 Uhr einen Schnellzug und fahren über Nürnberg und Augsburg nach Petershausen in der Nähe von Konstanz, wo der Zug über Nacht stehenbleibt. Die Judensterne hatten sie mittlerweile abnehmen dürfen, «was», wie Johannes Gunzenreiner sagt, «grosse Freudengefühle auslöste.» Am 7. Februar passieren sie die Grenze zur Schweiz, wo sie in zwei Sonderzüge umsteigen. «Von Soldaten und Angehörigen des Roten Kreuzes sowie von Zivilistinnen und Zivilisten bekamen sie Äpfel, Schokolade und andere Köstlichkeiten zugesteckt. Auch wurde ein Mittagessen ausgegeben», berichtet Thomas Metzger. «Dies waren Freundlichkeiten, welche die Freigelassenen seit langer Zeit nicht mehr erlebt hatten. Entsprechend prägend waren diese Momente für sie.»

Die freigekommenen Häftlinge aus dem KZ Theresienstadt fahren bis zum Bahnhof St. Fiden, dann müssen sie etwa einen Kilometer bis zum Schulhaus Hadwig laufen und betreten schliesslich durch den grossen Torbogen das Gebäude. «Im Untergeschoss des Schulhauses wurden sie geduscht, die Personalien aufgenommen und eine sanitäre Untersuchung durchgeführt», berichten die Kuratoren. Die Kleider der Häftlinge habe man in einer Hütte gereinigt, die provisorisch auf dem Schulhof errichtet worden war. «Die Schlaflager befanden sich in den Schulzimmern der oberen Stockwerke. Geschlafen wurde auf Stroh. Für kranke Juden gab es Betten.» Rund eine Woche bleiben die ehemaligen Häftlinge hier und werden, bevor man sie in Quarantänelager bringt, stark abgeschottet. «Um das Schulhaus befand sich ein Zaun», sagt Metzger. «Es wurde auch darauf hingewiesen, aus ‹sanitarischen Gründen› möglichst keinen Kontakt mit ihnen zu suchen». Dabei sei die Betroffenheit in der Bevölkerung und das Interesse an den Freigelassenen ausgesprochen gross gewesen. Jedoch war die Schweiz, wie Gunzenreiner ergänzt, ganz ausdrücklich Transitland. «Es sollte auch wirklich nur ein Durchlauf sein. Der Gedanke war: Sie kommen und gehen.» Auch aus diesem Grund sollte sich die Bevölkerung fernhalten, an einem Beziehungsaufbau bestand kein Interesse.

Das Schulhaus Hadwig bot einst Schutz für jüdische Häftlinge.

Die schweizerische Flüchtlingspolitik jener Zeit war antisemitisch geprägt, erläutert Metzger. Der Antisemitismus habe sich auch als Teil der Angst vor angeblicher Überfremdung gezeigt, die seit dem Ersten Weltkrieg das Sprechen über Fremde in der Schweiz geprägt habe. «Von den Behörden wurde dabei unter anderem in Form des prophylaktischen Antisemitismus argumentiert. Die zynische Argumentationslogik ging wie folgt: Antisemitismus sei etwas Unschweizerisches, er sei Teil des Nationalsozialismus und somit deutsch. Zugleich – und das stellte eine im Antisemitismus immer wieder anzutreffende Verkehrung von Täter und Opfer dar – würde Antisemitismus durch die Juden selbst verursacht. Würden nun Juden in grosser Zahl in die Schweiz kommen, würde diese den Antisemitismus befördern, so die Argumentation der Behörden. Dies wiederum würde den Aufstieg des Nationalsozialismus in der Schweiz mit sich bringen und letztlich die Schweiz gefährden. Nach dieser queren Logik verfolgten die Behörden eine antisemitische Flüchtlingspolitik, um einen Anstieg des Antisemitismus zu verhindern.» Gunzenreiner fügt hinzu: «Kern der Flüchtlingspolitik der Schweiz war, dass ausgerechnet jüdische Flüchtlinge – man sprach damals von Flüchtlingen aus ‹Rassegründen› – nicht als politische Flüchtlinge taxiert wurden, die man hätte aufnehmen müssen.»

«Die Angst vor einer grossen Flüchtlingswelle zeigte sich beispielsweise angesichts des ‹Anschlusses von Österreich› im März 1938», erklärt Thomas Metzger. Als Drohgebärde gegenüber Deutschland habe man dann erklärt, dass künftig ein Reisevisum von allen Deutschen verlangt werde, um zu verhindern, dass jüdische Flüchtlinge aus Deutschland – und dazu gehörte nun auch Österreich – kommen. «Und daraufhin schlugen die deutschen Behörden vor, die Pässe der jüdischen Deutschen mit einem J zu markieren und die Schweiz war mit diesem Verfahren einverstanden.» 1940 seien die Grenzen zum Teil und dann im Spätsommer 1942 zur Gänze geschlossen worden, zu einem Zeitpunkt, als die Schweiz bereits Informationen über die angelaufene systematische Ermordung der europäischen Juden besessen habe. «Auch deswegen wurde die Grenzschliessung von 1942 kurze Zeit in der Öffentlichkeit kritisch diskutiert. Trotzdem behielt man die restriktive Haltung bei», schildert Metzger den weiteren Fortgang.

Eine wirkliche Lockerung der Aufnahmepolitik gegenüber jüdischen Flüchtlingen setzte erst im Sommer 1944 ein. Juden wurden nun als Flüchtlinge anerkannt. «Man sah das Kriegsende kommen und die Schweiz versuchte, ihr Image aufzubessern», ergänzt Metzger. «Das war diese Endphase, diese Auflösungsphase des ‹Dritten Reichs›.» Gegen Ende des Krieges kamen dann auch noch relativ viele Flüchtlinge gerade auch aus Grenzregionen.

Darunter eben auch jene, die im Hadwig-Haus Unterschlupf fanden. Die beiden Kuratoren haben sich zudem mit den Einzelschicksalen beschäftigt. Metzger erzählt die Geschichte eines Herrn Narev, der heute in Neuseeland lebt. «Von ihm gibt es ein Foto, auf dem ein Schweizer Soldat zu sehen ist, der die Hand eines Jungen hält. Daran hat er sich noch als sehr alter Mann erinnert und gefragt, ob es von diesem Ereignis Aufnahmen gibt. Auf den Bildern, die wir ihm zugeschickt haben, hat er sich tatsächlich selbst erkannt. Das war für ihn ein wahnsinniges Erlebnis.» Johannes Gunzenreiner hingegen erzählt die Geschichte von Zvi Cohen (geboren als Horst Kohn), dem Jungen mit der Mundharmonika. «Von ihm gibt es eine sehr berührende Geschichte: Cohen war noch ein Junge und lebte in Berlin, als er von den Soldaten der SS gefangen genommen werden sollte. Er war alleine zu Hause und wollte nicht von seinen Eltern getrennt werden. Dann hat er Mundharmonika gespielt und die Männer haben ihm zugehört – so lange, bis seine Eltern kamen. Sie wurden alle miteinander nach Theresienstadt gebracht und kamen dann zusammen auf diesem Zug zu uns.»

Und sie konnten sich in Israel ein neues Leben aufbauen.

Eva-Maria Bast

So geht's zum Torbogen:

Er befindet sich über dem Eingang des Hadwig-Schulhauses, (heute Pädagogische Hochschule St. Gallen), Notkerstrasse 27.

Nicole Stadelmann hat sich mit der Geschichte des Waaghauses beschäftigt.

47

Waaghaus

Mit 300 Stimmen gerettet

Viele St. Galler kennen das Waaghaus nur als Veranstaltungsort, etwa an der Fasnacht oder während der OLMA. Dass es im Jahr 1958 beinahe dem Erdboden gleichgemacht wurde, wissen die wenigsten. Doch die Geschichte beginnt bereits im Mittelalter, denn das Waaghaus ist der älteste noch ganz erhaltene Profanbau in der Stadt. Das Gebäude besteht aus der Originalbausubstanz des Jahres 1584. Damals wurde es als städtisches Gredhaus erbaut. Grede ist ein altes Wort für Lagerstätten oder Lagerhäuser. «Im Gredhaus mussten alle Händler ihre Waren anmelden, wägen lasse und Zoll bezahlen», sagt Nicole Stadelmann, Historikerin und Mitarbeiterin im Stadtarchiv der Ortsbürgergemeinde. Die Waren konnten hier auch zwischengelagert werden. Bevor das Gredhaus in der Stadt errichtet wurde, stand es in Steinach. Das rund 15 Kilometer von St. Gallen entfernte Dorf am Bodensee gehörte im 15. Jahrhundert zur Stadt. «Dort befand sich der städtische Hafen. Da die Waren meist von Deutschland über den See kamen, machte es Sinn, das Gredhaus hier zu errichten», erklärt Nicole Stadelmann. Das Umschlagsrecht für Waren konnte damals nur vom Kaiser erteilt werden. St. Gallen erhielt es im 15. Jahrhundert. Im Jahr 1584 verlagerte man den Sitz des Gredhauses in die Stadt auf den heutigen Bohl. Hier hatten auch die Metzg (Schlachthaus) und das Kornhaus ihren Sitz, die beide im 19. Jahrhundert abgerissen wurden.

Das Gredhaus war ein schmuckloser Nutzbau mit einem Fenster im ersten Stock, aus dem ein Balken für die Heuwaage hing. «Der Gredmeister musste alle Waren wägen und je nach Gewicht die Zölle eintreiben. Tiere wurden nach ganzen Stücken verzollt», sagt Nicole Stadelmann. Häufig wurden Abgaben auf Salz, Leder, Eisen und Getreide erhoben, letzteres lagerte aber nicht im Gred-, sondern im Kornhaus. Zölle mussten auch jene Händler bezahlen, die ihre Waren nicht in St. Gallen verkauften, sondern die Stadt durchqueren wollten. «Die Strassen führten durch den Stadtkern und wer beispielsweise Waren von Konstanz nach Zürich bringen wollte, musste St. Gallen passieren und sogenannte Transitzölle bezahlen», erklärt Nicole Stadelmann. Einige versuchten, diese Zölle zu umgehen, indem sie nachts die Waren auf unbeleuchteten Holperwegen um die Stadtmauern herum schmuggelten, was nicht ungefährlich war. «Im Archiv existiert ein Mandat von 1732, in dem die Stadtregierung diesen Schmuggel untersagte.»

Das Waaghaus, das bis ins Jahr 1963 Kaufhaus hiess, war früher nicht verziert so wie man es heute kennt. Die Uhr, die Mondphasenkugel und das Türmchen auf dem Dach gelangten erst 1877 an Ort und Stelle. Sie stammen vom in jenem Jahr abgerissenen alten Rathaus. Im Türmchen hing die Feuerglocke des Rathauses.
Im 19. Jahrhundert fielen auch die Metzg und das Kornhaus dem Abriss zum Opfer. Das Gredhaus wurde nicht mehr als solches genutzt, sondern diente als Polizeiposten und Postfiliale. 1924 wurde das

damals bereits über 300 Jahre alte Gebäude saniert. In jener Zeit verschwand auch die «Schmidstube», das um 1820 an die Ostseite des Waaghauses angebaute volkstümliche Restaurant. «1945 stimmte der Gemeinderat einem Projekt über den Neubau der Postfiliale und den Umbau des Kaufhauses zu, und in der städtischen Abstimmung erfolgte dann mit 6066 Ja- gegen 4336 Neinstimmen eine klare Annahme. Eigenartigerweise wurde damals aber nicht mit dem Umbau begonnen, stattdessen schob man das Projekt auf die lange Bank. Weil, wie es fadenscheinig hiess, veränderte Berechnungen vorlagen und um rechtlich sicher zu gehen, musste 13 Jahre später über die Vorlage noch einmal abgestimmt werden», schreibt Ernst Ziegler in der Beilage der Zeitung *Ostschweiz* vom 25. August 1978. 1958 kam es also erneut zur Abstimmung darüber, ob das Kaufhaus saniert oder abgerissen werden sollte. Der Gemeinderat wollte das architektonisch und kulturhistorisch wertvolle Gebäude erhalten. Doch das Kaufhaus bildete gemeinsam mit der Bank Wegelin ein Nadelöhr für den Verkehr. Die Gebäude sind nahe beieinander gebaut und dazwischen führte eine Hauptverkehrsachse durch. Heute ist sie für den Individualverkehr gesperrt, nur noch der öffentliche Verkehr darf dort fahren. 1958 war das anders. Deshalb machten sich die Automobilisten für den Abbruch des Kaufhauses stark. Der Abstimmungskampf wurde hitzig geführt, die Abstimmung fiel äusserst knapp aus. Mit nur 301 Stimmen wurde das Kaufhaus vor dem Abbruch gerettet. Die Stimmbeteiligung betrug 65 Prozent. In der Folge wurde es saniert, seit 1963 dient es dem Stadtparlament als Versammlungsort und wird seither Waaghaus genannt.

Mirjam Bächtold

So geht's zum Waaghaus:

Es steht am Bohl und schliesst diesen Platz gegen Osten hin ab.

Marcel Mayer hat sich intensiv mit der Geschichte von Drei Weieren beschäftigt.

48

Drei Weieren

Aus Bleichewasser werden Badeweiher

Sie sind St. Gallens bekanntestes Naherholungsgebiet: die drei Weieren. Von Ost nach West liegen der Chrüzweier, der Buebenweier und der Mannenweier oberhalb der Gallusstadt im Quartier St. Georgen. Zwei von ihnen laden im Sommer zum Baden ein. Beim Chrüzweier – auch Frauenweier genannt – befindet sich die Jugendstilbadhütte aus dem Jahr 1896, die zu den schönsten Badeanstalten der Schweiz gehört. Auch die Badhütte im Gemeinschaftsbad am Mannenweier stammt aus der Zeit des Jugendstils aus dem Jahr 1900.

Doch die wenigsten, die hier baden, ahnen, wofür die Weiher ursprünglich angelegt wurden. Einige vermuten, dass es Löschwasserreserven waren. Marcel Mayer, ehemaliger Stadtarchivar der politischen Gemeinde, weiss es genau: «Es wurde wohl, wenn es nötig war, auch als Löschwasser verwendet», bestätigt er. «Das war jedoch nicht der

Grund, weshalb die Weiher im 17. und 18. Jahrhundert angelegt wurden.» Der eigentliche Grund für die Aushebung der Weiher war die Textilindustrie. Das Leinwandgewerbe florierte vom Mittelalter bis gegen Mitte des 18. Jahrhunderts. «Dieser Wirtschaftszweig brauchte die Weiher, um genügend Wasser für das Bleichen der Leinentücher zur Verfügung zu haben», erklärt der Historiker. Die Tücher wurden jedoch nicht in den Weihern selbst gebleicht. In Holzleitungen – sogenannten Teucheln – leitete man das Wasser vor die Mauern der Altstadt, wo die grossen Tücher in Waschhäuschen in einer speziellen Lauge gekocht wurden. Die Rezeptur war streng geheim, ähnlich wie beim berühmten Appenzeller Käse. Anschliessend breiteten die Arbeiter Tücher auf grossen Wiesen aus und liessen sie von der Sonne bleichen. «Das war ein langwieriger Prozess, der bis zu zwölf Wochen dauerte.» Als um 1800 das chemische Bleichverfahren aufkam und die Tücher nicht mehr ausgelegt werden mussten, hatten die St. Galler Bleicheplätze ausgedient und man baute nach und nach Häuser auf ihnen. Mehrere Plätze tragen noch Namen aus dieser Zeit, so etwa die Kreuzbleiche und die Webersbleiche.

Dass das Wasser auf Drei Weieren für die Industrie gedacht war, hielt die St. Galler aber nicht davon ab, auch schon im 18. Jahrhundert darin zu baden – sehr zum Missfallen der Obrigkeit, wie aus Ratseinträgen hervorgeht: «Junge Leute sollen sich nicht am Sonntagmorgen halbnackt in den Weihern vergnügen, wenn sie eigentlich im Gottesdienst sitzen müssten», zitiert Marcel Mayer sinngemäss. Auch war der Obrigkeit das geschlechtergemischte Baden ein Dorn im Auge. Im 18. Jahrhundert stellte die Stadt deshalb einen Weiheraufseher an, der Kontrollgänge machte, was wohl als Abschreckung dienen sollte, um die Leute vom Baden abzuhalten.

Mit der Hygienebewegung in der zweiten Hälfte des 19. Jahrhunderts änderte sich die Einstellung gegenüber dem Baden: «Ärzte und Hygienepolitiker kämpften an vorderster Front dafür, dass die Menschen sich regelmässig wuschen, weil dadurch viele Krankheiten vermieden werden konnten», sagt Marcel Mayer. Die veränderte Gesundheitsvorstellung und die Hygienebewegung führten dazu, dass Baden und die sportliche Betätigung im Wasser eine positive Bedeutung erhielten. Das schönste Sinnbild für diese Entwicklung ist das Volksbad, das den

St. Gallern das Schwimmen im Sommer wie auch im Winter ermöglichte. Im Untergeschoss gab es Wannenbäder, die man für eine halbe Stunde mieten konnte, weil damals nicht jeder Haushalt eine eigene Badewanne besass.

Dieses geänderte Verhalten in Bezug auf den Aufenthalt im Wasser beeinflusste auch die Nutzung der drei Weiher. Da diese ihren ursprünglichen Zweck wegen des chemischen Bleicheverfahrens verloren hatten, wurden sie mit der Zeit zum Naherholungsgebiet. Das Baden war nun offiziell erlaubt, jedoch nur nach strengster Geschlechtertrennung. Daher kommen auch die Namen der Weiher. Es ist also anzunehmen, dass eine Familie getrennt baden musste. Das Familienbad beim östlichen Weiher entstand erst im Jahr 1956. Selbst heute findet sich hier immer noch einen Teil, der nur den Frauen vorbehalten ist. Übrigens gab es zur Zeit des Bleichens noch einen vierten Weiher, den Nellusweier, der sich neben dem Chrüzweier befand. «Um 1920 wurde er aufgeschüttet und mit Gras bepflanzt. Es war eine Notstandsarbeit, um während der Wirtschaftskrise und der grossen Arbeitslosigkeit einige Männer beschäftigen zu können», erklärt Marcel Mayer. Heute sonnen sich im Sommer die Badegäste auf der Liegewiese, die damals von Männern aus wirtschaftlicher Not erstellt wurde.

Mirjam Bächtold

So geht's zu den drei Weieren:

Das Familienbad (Chrüzweier) erreicht man von der Dreilindenstrasse aus, das Gemeinschaftsbad (Mannenweier) von der Bitzistrasse oder von der Bergstation der Mühleggbahn.

T. GALLUS – KAPELLE

Riesenstatuen

Bewacher der Schutzengelkapelle

Was macht ein römischer Offizier im Stiftsbezirk einer Klosteranlage? Hat sich da ein führender Legionär an einen unpassenden Ort verirrt? Diese Fragen stellen sich aufmerksame Besucher beim Betreten des inneren Klosterhofs des ehemaligen Klosters St. Gallen, seit vielen Jahren Träger der Auszeichnung «UNESCO-Weltkulturerbe». Denn ein Kloster und ein römischer Offizier scheinen auf den ersten Blick nicht viele Gemeinsamkeiten zu haben. «Der stolze römische Krieger auf der rechten Seite der Schutzengelkapelle will nicht so recht hierher passen», meint denn auch die Stadtführerin und studierte Kunsthistorikerin Maria Hufenus. Dass es sich um einen Krieger handelt, daran gibt es keinen Zweifel: Der steinerne Federbusch auf dem Helm verrät seine herausragende militärische Funktion, wie auch das Schwert und der gewaltige Schild, auf den sich der Mann entspannt abstützt. Ein Purpurmantel bedeckt seine breiten Schultern, sein entschlossener Blick strahlt Macht aus.

Maria Hufenus deutet auf die zweite Statue, die auf der anderen Seite der Kapelle steht. Im Gegensatz zur ersten wirkt sie gütig und mildtätig. «Die Mitra und der lange Bart weisen auf einen kirchlichen Würdenträger hin», konstatiert sie. In der linken Hand die Bibel mit der rechten den Segen spendend, geht von dem Mann eine wohltuende Ruhe aus. Sein Bischofsgewand wallt in einem harmonischen Faltenwurf um den Körper. Die beiden riesigen Figuren sind als Paar von Johann Jakob Oechslin (1802-1873) gestaltet worden. Die Kopien fertigte Alfons Maag an. Von hoch oben auf den Zwillingstürmen der altehrwürdigen Kathedrale schauen sie auf den Klosterplatz hinunter. «Die Statuen stehen für zwei sehr unterschiedliche christliche Märtyrer, die dennoch das gleiche Schicksal teilen», erzählt die Gästeführerin. «Beim römischen Offizier handelt es sich um den Heiligen Mauritius, den angeblich bei Theben in Ägypten geborenen christlichen

Maria Hufenus erzählt die Lebensgeschichten der Heiligen Desiderius und Mauritius.

Anführer der Thebäischen Legion im Dienste der Römer.» Maria Hufenus erklärt, warum er trotzdem gut zum Kloster passt: Die Legende erzählt, dass Mauritius sich nach der Überquerung der Alpen im Jahr 302 im Wallis geweigert habe, in Agaunum (heute St. Maurice) gegen Christen zu kämpfen. Der damalige römische Kaiser Maximian (um 240-310), der zu dieser Zeit in Octodurum (Martigny) stationiert gewesen sein soll, gab daraufhin den Befehl zur völligen Vernichtung der 6600 Mann starken Thebäischen Legion. Ohne Gegenwehr hätten sich die christlichen Legionäre und Offiziere hinrichten lassen, erzählt die Stadtführerin weiter. «Um an dieses Ereignis zu erinnern, wurde in Martigny zu Ehren des heiligen Mauritius ein Kloster gebaut, eines der ältesten Europas», sagt Maria Hufenus und fügt hinzu: «Seit dem 4. Jahrhundert wird der heilige Mauritius in der katholischen und in der orthodoxen Kirche als Heiliger verehrt. Vor diesem Hintergrund erstaunt es viel weniger, dass seine Statue auf dem Turm und im inneren Klosterhof steht.»

Die Historikerin wendet sich nun der linken Figur zu: «Hier handelt es sich ebenfalls um einen christlichen Märtyrer, aber mit einer ganz anderen Biografie. Es ist die Skulptur des Heiligen Desiderius, Erzbischof von Vienne in Frankreich.» In Autun geboren, bildete er sich schon in jungen Jahren in Grammatik und Religion weiter. Im Jahr 595 wurde er Erzbischof von Vienne und stand in regelmässigem Briefwechsel mit dem damaligen Papst Gregor I. (540-604). Er fiel jedoch aufgrund seiner Busspredigten und kritischen Äusserungen bei der Frankenkönigin Brunhilde in Ungnade und wurde verbannt. Vier Jahre später wurde er begnadigt, aus dem Exil zurückgeholt und wieder als Erzbischof eingesetzt. «Doch Desiderius kritisierte die Königin und ihren Sohn

Die beiden Statuen sind über drei Meter gross und bewachen den Eingang zur Schutzengelkapelle.

weiterhin. Deshalb nahm man ihn schliesslich gefangen und steinigte ihn», schildert die Stadtführerin das traurige Ende des Märtyrers, an den die linke Statue bei der Schutzengelkapelle erinnert.

Bleibt noch die Frage, weshalb die beiden Märtyrer einen so prominenten Platz im Stiftsbezirk einnehmen. Um dies zu beantworten, muss man in der Geschichte bis zum irischen Klostergründer Gallus (550-640) zurückgehen. Er führte nämlich die Reliquien von Mauritius und Desiderius bei seiner langen Wanderung von Bangor (Irland) durch das heutige Frankreich nach Tuggen, Bregenz und St. Gallen immer bei sich. Als er im Jahr 612 im Gebiet des heutigen Klosters stürzte, sich den Fuss vertrat und mit Kolumban und seinen Gefährten nicht mehr weiterziehen konnte, steckte er ein Kreuz aus Haselstecken in die Erde, hängte die Reliquien der beiden Märtyrer ans Kreuz und sagte gemäss der Legende «Casus Sancti Galli» des Mönchs Ekkehard (980-1057): «Hier ist meine Ruhestätte.» Er soll an diesem Ort mit Hilfe eines Bären eine Einsiedelei gegründet haben, die immer mehr christliche Anhänger anzog und aus der mit der Zeit das Kloster St. Gallen entstand.

Markus Wigert

So geht's zu den zwei Riesenstatuen:

Bei den Zwillingstürmen der Kathedrale geht man durch den Tunnel in den inneren Klosterhof und sieht rechts die Statuen vor der Schutzengelkapelle. Die Schutzengelkapelle ist am Klosterhof 2.

50

Grabengärten

Die Hirsche mussten weichen

Als die Gräben aufgefüllt wurden, hatten die Hirsche ihren Lebensraum verloren und der, der sich um sie kümmern sollte – der städtische Hirschenfütterer – seine Arbeit. Nicole Stadelmann, Mitarbeiterin im Stadtarchiv der Ortsbürgergemeinde, weiss, dass die kleinen Gärten an der Berneggstrasse und im Oberen Graben ursprünglich einen ganz anderen Zweck hatten: «Das war früher der Graben der Stadtbefestigung», sagt sie. «Und in diesem Graben lebten Hirsche – städtische Hirsche, um die sich ein eigens eingestellter Hirschenfütterer zu kümmern hatte.» Viel verdient hat der Mann aber nicht: «Uns ist ein Hirschenfütterer bekannt, der aufgrund seines kleinen Vermögens keine hohen Steuern zu entrichten hatte», sagt Stadelmann.

Der Bau der St. Galler Befestigung war im Jahr 980 abgeschlossen. «Die erste Mauer besass nur zwei Tore, das Gallus- und das Stadttor», präzisiert Nicole Stadelmann. Der Bach Ira, der bislang durch die Stadt geflossen war, wurde nun umgeleitet und ausserhalb, entlang der Stadtmauer im Graben, entlanggeführt. Praktisch für die Hirsche, die sich dann und wann von den Wiesen neben dem Bach aus mit einem kräftigen Schluck stärken konnten.

Die Mauer war nun also von einem Graben umgeben, durch den ein Bach floss und hatte verschiedene Tore, die von einem Wärter bewacht waren. Die Torhüter lebten in den Toren. «Am Tag mussten sie alle Ein- und Ausgehenden im Auge behalten, um zu verhindern, dass eine verdächtige Person oder ein Bettler in die Stadt gelangt», erzählt Nicole Stadelmann weiter. «Zudem waren sie angehalten, die Pässe der Handwerksgesellen zu kontrollieren und dafür zu sorgen, dass keine Personen oder Waren von einem Ort in die Stadt kamen, an dem eine Seuche herrschte.» Und dann oblag dem Torhüter natürlich noch die Aufgabe, Zölle einzunehmen.

Neben den Torwächtern gab es noch die Torschliesser, die, wie die

Nicole Stadelmann weiss: Hier wohnten einst Hirsche.

Berufsbezeichnung schon vermuten lässt, die Aufgabe hatten, die Tore zu öffnen und zu schliessen und selbiges mit dem Läuten einer Glocke kundzutun. «Im Jahr 1572 läutete die Glocke eine halbe Viertelstunde (also alle siebeneinhalb Minuten), um Schliessung und Öffnung anzuzeigen; danach mussten die Torschliesser im Abstand von einer Achtelstunde dreimal stark ‚Laufet' rufen, und erst dann wurden die Tore geschlossen», nennt die Archivarin ein Beispiel. Hinzu kam die Pflicht, allabendlich die Fallbrücke einzuholen.

Auch die Schildwache gehörte zur Gruppe der Torwächter. Ihre Aufgabe war es, nachts vor den Toren Wache zu halten. Und Wache ist hier wörtlich gemeint: Um Unaufmerksamkeit durch Müdigkeit zu vermeiden, wurden sie alle zwei Stunden abgelöst. «Sie mussten auch darauf achten, ob irgendwo ein Feuer ausbrach», sagt Stadelmann.

Nicht nur für die Verteidigung, auch für die Handwerker spielte die Stadtmauer eine grosse Rolle: «Die Färber hängten ihre Tücher zum Trocknen über die Mauer und die Seiler hatten auf der Stadtmauer ihre Werkstätten. Sie arbeiteten auf der Mauer, da sie viel Platz benötigten, um ihre langen Seile herzustellen.» Hierfür waren lange, schmale Orte erforderlich, auf denen die Seile gespannt und gedreht werden konnten. Die Stadtmauer eignete sich dafür ganz hervorragend.

Blick in einen der aufgeschütteten Gärten.

Als die Stadt im Jahr 1418 abbrannte, wurde die alte Stadtmauer wiederaufgebaut und die neue Stadt, die inzwischen in Richtung Osten entstanden war, mit in die Stadtmauer aufgenommen. Nun verlief also um die ganze Stadt herum eine Ringmauer, vier Fuss breit – und sie wurde 1578 noch um ein Dach ergänzt. «Man konnte bei Regenwetter die Stadt umrunden, ohne nass zu werden. Zuerst war die Mauer nur mannshoch gewesen, 1490 wurde sie aufgestockt», erzählt Nicole Stadelmann die Geschichte der Stadtmauer weiter.

An der Ringmauer befanden sich sieben Tore. Drei in Richtung Osten, zwei gegen Westen, zwei gen Süden. Das Schiebener- und das Multertor lagen am oberen Graben, der von den Toren aus mittels Brücken überschritten werden konnte. Mit diesen beiden Toren hat sich Nicole Stadelmann intensiv beschäftigt: Das Multertor sei vermutlich erst erbaut worden, nachdem der Irafluss umgeleitet wurde – der Fluss floss durch das Tor hindurch. Alten Quellen zufolge sei es ein «angenehmes und lustiges Tor». Was genau so angenehm und lustig war, ist unklar.

Am Schiebenertor zum Beispiel hatte der Wärter viel zu tun: «An diesem Tor herrschte reger Verkehr», sagt Nicole Stadelmann. «Allerdings war es bis 1787 eher Fussgängerpassage, weil die Fallbrücke, die bis 1787 über den Hirschgraben führte und vom Wärter bedient wurde, in schlechtem Zustand war.» Hier einen Wagen hinüberfahren zu lassen, wäre viel zu riskant gewesen. Als 1787 eine steinerne Brücke gebaut wurde, gab man das Tor auch für Fahrzeuge frei. Nun konnten bis 23 Uhr abends und ab 4 Uhr morgens die Menschen passieren. Und sozusagen über den Köpfen der Hirsche hinwegfahren, die unten im Graben friedlich ästen.

1808 gab es bei St. Mangen und in der oberen Stadt erste Abbrüche von Mauer und Toren, in den 1830er-Jahren folgte der Abriss der Tore in der unteren Stadt und die Gräben wurden 1833 aufgeschüttet. Nun war es mit den friedlich äsenden Hirschen im Stadtgraben endgültig vorbei.

Eva-Maria Bast

So geht's zu den Grabengärten:

Sie befinden sich vor den Häusern, die den Eingang in die Altstadt markieren, am Oberen Graben und der Berneggstrasse. Das Multertor stand an der heutigen Multergasse 47.

Quellen, Literatur, Bildnachweis

Anderes, Bernhard: «Das Wappenrelief am Karlstor: Eine kirchenpolitische Demonstration der Abtei St. Gallen.» In: Archives héraldiques suisses. URL: Persistenter Link: http://doi.org/10.5169/seals-745703. Abgerufen am 31.05.2019.

Bächler, Heinz: «Urs Eggenschwyler und seine Kunstfelsen.» In: Wildpark Peter und Paul, St. Gallen, November 1991, S. 16.

Bentele-Baumann, Doris: «Erker der Stadt St. Gallen», St. Gallen 2014, S. 28.

Bibel, Neues Testament, Offenbarung 7,4.

Brunner, Emil: «Als Mittelholzer in den Glarner Alpen abstürzte… Erinnerungen an den grossen St. Galler Flieger» In: Die Ostschweiz, 29./30.7.1969.

Buff, Theo und Kretzer, Rolf: «Stadt St. Gallen: Weiher und Lebensräume», St. Gallen 2000, S. 95/96.

Burmeister, Karl Heinz: «Geschichte der Universität St. Gallen» In: 100 Jahre HSG, St. Gallen, o.J.

Dierauer, Johannes: «St. Gallische Analekten – Aus den Papieren des Landammanns Aepli», 1904.

(Dissertation Reeb, a.a.O.)

Duden Geschichte: «Investiturstreit».Mannheim 2006. S. 274.

Ehinger, Paul: «Arthur Hoffmann» In: Das Bundesratslexikon, 2019.

Ehrenzeller, Ernst: «Geschichte der Stadt St. Gallen», St. Gallen 1988, S. 67ff.

Firmengeschichte Helvetia. URL: https://www.helvetia.com/corporate/web/de/home/ueber-uns/uebersicht/marke-und-geschichte.html. Stand 02.04.2019.

Frei, Walter: Wie der St. Galler Johannes Kessler 1522 Luther traf. In: Kirchenbote SG, Januar 2017. URL: https://www.kirchenbote-sgchartikel/?id=10479&artikel=Wie-der-St.Galler-Johannes-Kessler-1522-Luther-traf. Abgerufen am 12.03.2019.

Geschichte der Stadt St. Gallen, a.a.O., S. 150.

Guggenheimer, Dorothee: Wergerker, St. Gallen 2017.

Gunzenreiner, Johannes; Metzger, Thomas: Flüchtlinge im Hadwig Ausstellungsdokumentation der Fachstelle «Demokratiebildung und Menschenrechte» der Pädagogischen Hochschule St. Gallen. URL: https://www.phsg.ch/sites/default/files/cms/Dienstleistung/Fachstellen-und-Kompetenzzentren/Demokratiebildung%20und%20Menschenrechte/Abgeschlossene%20Projekte/Doku_FlüchtlingeimHadwig.pdf. Abgerufen am 05.06.2019.

Häusler, Eric; Meili, Caspar: Swiss Embroidery. Erfolg und Krise der Schweizer Stickerei-Industrie 1865-1929. Hrsg. vom Historischen Verein des Kantons St. Gallen. URL: https://www.verlagshaus-schwellbrunn.ch/shop/erfolg-und-krise-der-schweizer-stickerei-industrie-1865-1929.html. Abgerufen am 30.05.2019.

Heimatschutz St. Gallen-Appenzell Innerrhoden: Jahresbericht 1912/13.

Hiller Hans: Die Erfindung der Mitte, Staatsmann Arnold Otto Aepli 1816-1897. St. Gallen 2011.

Historisches Lexikon der Schweiz: «Investiturstreit». URL: https://hls-dhs-dss.ch/de/articles/008724/2017-09-27/. Abgerufen am 29.05.2019.

Hufenus Maria, Nüesch Christa, Widrig Susanne: St. Gallens und Rorschachs Heilige. In: Frühes Christentum, Thebäische Legion und Reliquienkult, Solothurn, Februar 2015, S. 60/61.

Kanton St. Gallen, Departement des Innern, Amt für Kultur, Archäologie: Sammlung / Dokumentation zu Bernegg, Fundstellen Signatur: 01.053.

Krauer,Rezia: Zollikofer. URL: http://www.hls-dhs-dss.ch/textes/d/D195.php. Abgerufen am 24.02.2014.

Lexikon der Schweizer Bundesräte, Basel 2019.

Maissen, Thomas: Humanist, Reformator, Bürgermeister, Patriot. Zum 450. Todestag Vadians (Joachim von Watts). In: Neue Zürcher Zeitung, 06.04.2001.

Müller, Clemens und Müller, Peter: Götter, Musen, Fabelwesen – Gestalten der griechischen Mythologie in der Stadt St. Gallen, S. 95, 106.

Müller, Peter: «An Typhus gestorben». In: St. Galler

Tagblatt, St. Gallen, 08.03.2011.

Müller, Peter: «11 000 für 37 alte Buchen» In: St. Galler Tagblatt vom 02.09.2013.

Nef, Willi: «St. Gallen vor der Jahrhundertwende», St. Gallen 1955.

Osterwalder Josef: «Alte Wetti neu am Tageslicht» In: St. Galler Tagblatt, 28.01.2011.

Poeschel, Erwin: Die Stadt St. Gallen: Erster Teil. Band 2 der Reihe «Die Kunstdenkmäler des Kantons St. Gallen.» Basel 1957, S. 136–152.

Reeb, Dr. Claudia: «Für mehr Bekommlichkeit, Luft und Licht» – Erker im Bodenseegebiet. Inventar der auskragenden Fassadenanbauten im profanen städtischen Umfeld von den Anfängen im 15. Jahrhundert bis zum Beginn des Jugendstils mit besonderem Fokus auf die motivischen Charakteristika der bauplastischen Ausprägung. Zürich 2018.

Reeb, Claudia, Dorothee Guggenheimer, Dorothee: Kloster St. Katharinen, St. Gallen. (Schweizerische Kunstführer, Nr. 925, Serie 93). Hrsg. Gesellschaft für Schweizerische Kunstgeschichte GSK. Bern 2013.

Schläpfer Franziska: «Trudi Gerster – ein facettenreiches Leben». Bern 2016, S. 89,93.

Schottner, Alfred: Die «Ordnungen» der mittelalterlichen Dombauhütten: Verschriftlichung und Fortschreibung der mündlich überlieferten Regeln der Steinmetzen. Münster/Hamburg 1997, S. 60.

Schwyzer, Doris: «Lebenskosten in der Schweiz 1930-1940, Eine Auswahl durchschnittlicher statistischer Daten.» In: Werbestil 1930-1940, Die alltägliche Bildersprache eines Jahrzehnts, Dreissiger Jahre Schweiz. Ausstellungskatalog Kunstgewerbemuseum der Stadt Zürich 12.09. bis 15.11.1981. Zürich 1981. S. 98-101.

St. Galler Tagblatt vom 17.06.2003.

St. Gallen, Altstadtinventar, Denkmalpflege der Stadt St. Gallen: Metzgergasse 5, «Zum goldenen Schäfli.».

Strafgesetzbuch der Schweiz, Artikel 111-117, 1937.

Studer, Daniel: «Der Bildhauer August Bösch – Ein Deutschrömer Künstler aus dem Toggenburg», St. Gallen 2004, S. 15-25.

Tröckneturm St. Gallen. URL: http://troeckneturm.ch/de/geschichte. Abgerufen am: 07.06.2019.

Voellmy, Samuel: «Bräker, Ulrich». In: Neue Deutsche Biographie 2 (1955), S. 506. URL: https://www.deutsche-biographie.de/pnd118514210.html#ndbcontent. Abgerufen am 06.06.2019.

Widmer, Paul: Bundesrat Arthur Hoffmann – Aufstieg und Fall. Basel 2017.

«Wildpark Peter und Paul». In: Schreibmappe Jahrgang 1926-1930. St. Gallen 1926.

Wirth, Rolf: «Brausebad und Badekappe. Baden und Schwimmen in St. Gallen. 100 Jahre Schwimmclub St. Gallen 1909». St. Gallen 2013.

Ysker, Kriemhield: «Ein König ohne Fortüne: Gustav IV. Adolf von Schweden.» In: Die Boje – Mitteilungsblatt des Heimatvereins Wilhelmshaven Juli 2007.

Ziegler, Ernst: In: Damals. April 2012.

Ziegler, Ernst: «Der Vieh-Markt, gegen die Münz in St. Gallen.» In: Ostschweiz vom 26.05.1979.

Ziegler, Ernst: «Vor 20 Jahren: Der Kampf um die Erhaltung des Waaghauses.» In: Ostschweiz vom 25.08.1978.

Bildnachweis:

S. 9 Autorenbild Eva-Maria Bast: Fotohaus Kerstin Sänger

S. 14 Gregory Rietdijk

S. 140 Gregory Rietdijk

1 Schiedmauer
2 Freiheitsstatue
3 Steinmännchen
4 Hagenbuchwald
5 Gräben
6 Steinmetzzeichen
7 Messingtafeln
8 Ganggelibrogg
9 Zahlen
10 Strassenschild
11 Köpfe
12 Künstliche Felsen
13 Relief
14 Goldenes Schäfli
15 Alte Hausnummer
16 Türkenköpfe
17 Aepliplatz
18 Steineule
19 Trudi-Gerster-Gedenkstein
20 Kamelerker
21 Haus zur Harmonie
22 Jugendstilfenster
23 Wergerker
24 Tafel
25 Marmorsarkophag
26 Hoffmann-Haus
27 Freiheitsstein
28 Phönix-Skulptur
29 Balken
30 Buchen
31 Goldener Apfel
32 Zwölf Monatsköpfe
33 Ehemalige Spinneri
34 Amazone
35 Gedenkstein
36 Schleusenhäuschen
37 Spitalkeller
38 Wasserbecken
39 Gedenktafel
40 Klosterinnenhof
41 Wettistein
42 Pelikan
43 Gedenktafel
44 Fratze
45 Torbogen
46 Waaghaus
47 Drei Weieren
48 Zwei Riesenstatuen
49 Grabengärten
50 Balken

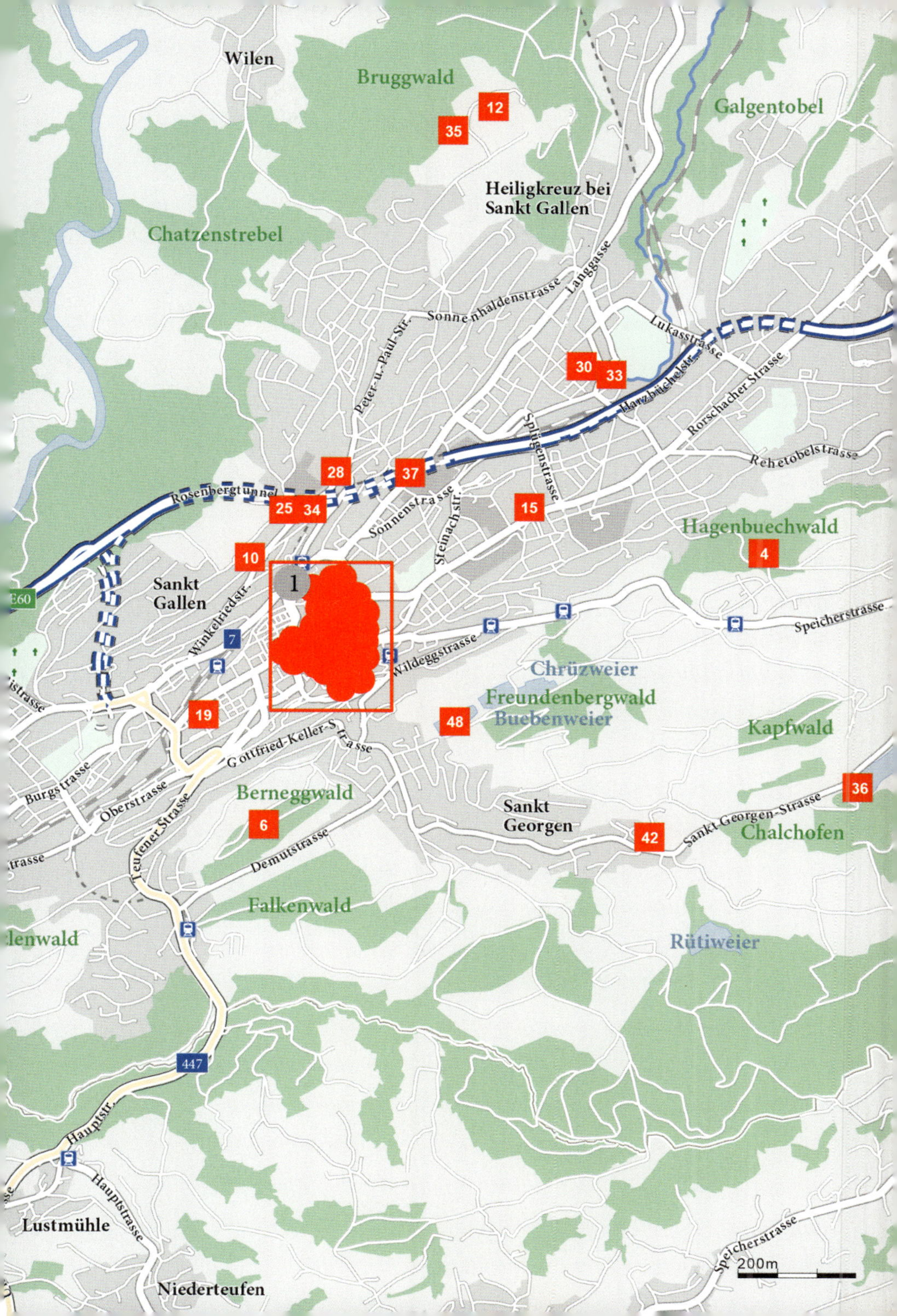
Wilen
Bruggwald
12
35
Galgentobel
Heiligkreuz bei
Sankt Gallen
Chatzenstrebel
Langgasse
Sonnenhaldenstrasse
Peter-u.-Paul-Str.
Lukasstrasse
30
33
Harzbüchelstr.
Rorschacher Strasse
Splügenstrasse
Rehetobelstrasse
28
37
Rosenbergtunnel
25
34
Sonnenstrasse
Steinachstr.
15
Hagenbuechwald
4
10
1
Sankt
Gallen
E60
Winkelriedstr.
7
Wildeggstrasse
Speicherstrasse
Chrüzweier
Freundenbergwald
Buebenweier
19
48
Kapfwald
Gottfried-Keller-Strasse
Burgstrasse
Oberstrasse
Teufener Strasse
Berneggwald
6
Sankt
Georgen
36
42
Sankt-Georgen-Strasse
Chalchofen
Demutstrasse
Falkenwald
Rütiweier
447
Hauptstr.
Hauptstrasse
Lustmühle
Speicherstrasse
200m
Niederteufen

SIE WOLLEN NOCH MEHR ÜBER

St. Gallen

WISSEN?

Hier gibt es sachkundige Informationen:

Arnold-Otto-Aepli-Gesellschaft St. Gallen
Die Aepli-Gesellschaft fördert das Andenken an den herausragenden St. Galler Staatsmann Arnold Otto Aepli (1816-1897) und seine Zeit durch Veranstaltungen und Publikationen.
E-Mail: aepli-gesellschaft@bluewin.ch
Homepage: www.aepli-gesellschaft.ch

Historisches und Völkerkundemuseum St. Gallen
Kindermuseum, Völkerkunde, Geschichte und archäologische Funde aus Stadt und Kanton St. Gallen. Wechselnde Sonderausstellungen und reiches Vermittlungsprogramm.
Museumstrasse 50
CH-9000 St. Gallen
Telefon: +41 (0)71 / 242 06 42
E-Mail: info@hvmsg.ch
Homepage: www.hvmsg.ch
Öffnungszeiten:
Dienstag-Sonntag: 10 Uhr -17 Uhr

Stadtarchiv der Ortsbürgergemeinde
Notkerstrasse 22
9000 St. Gallen
Telefon +41 (0) 71 / 224 62 23/24
E-Mail: stadtarchiv@stadt.sg.ch
Homepage: www.stadtarchiv.stadt.sg.ch
Öffnungszeiten
Montag - Donnerstag
9 Uhr - 12 Uhr
14 Uhr - 17 Uhr
Tel. Vereinbarung erwünscht

Stadtarchiv der Politischen Gemeinde St. Gallen
Notkerstrasse 22
9000 St. Gallen
Telefon +41 (0) 71 / 224 62 23/24
E-Mail: stadtarchiv@stadt.sg.ch
Homepage: www.stadtarchiv.stadt.sg.ch
Öffnungszeiten
Montag - Donnerstag:
9 Uhr - 12 Uhr
14 Uhr - 17 Uhr
Telefonische Vereinbarung erwünscht

Tröcknerturm
Führungen können über den Beuscherservice des Textilmuseums gebucht werden:
E-Mail: info@textilmuseum.ch
Telefon: +41 (0) 71 / 228 00 10
Homepage: www.troeckneturm.ch

Publikationen:

Ehrenzeller, Ernst. Geschichte der Stadt St. Gallen, St. Gallen 1988.

Gmünder, Erich: «Der Sturz von der Ganggelibrogg» In: Riethüsli – Magazin fürs Nest, 22. Jahrgang, Ausgabe August 2009. St.Gallen 2009, S. 18f.

Guggenheimer Dorothee, Hassler Gitta, Linke Manfred u.a.: Vereinigte Stadt – getrennte Gewalten. 100 Jahre Stadtvereinigung und Stadtparlament St. Gallen, 1918-2018, hrsg. im Auftrag der Stadt St. Gallen von Marcel Mayer, St. Gallen 2018.

Guggenheimer Dorothee, Lemmenmeier Max, Mayer Marcel u.a.: Die Ortsbürgergemeinde St. Gallen, hrsg. v. d. Ortsbürgergemeinde St. Gallen, St. Gallen 2017.

Guggenheimer Dorothee, Huber Johannes, Sonderegger Stefan u.a.: St. Galler Stadtführer mit Stiftsbezirk, 6. Aufl., St. Gallen 2015.

Kaiser, Markus: «Symbole, Allegorien, Embleme». In: Josef Grünenfelder (Hsg.): Die Kathedrale St. Gallen – Das spätbarocke Bauwerk und seine Ausstattung. St. Gallen 1918, S. 508-521.

Leib, Sarah: Faszination Archäologie, Schätze aus St. Galler Boden. Schwellbrunn 2018.

Mayer Marcel, Sonderegger Stefan: St. Gallen (Gemeinde): Historisches Lexikon der Schweiz. URL: https://hls-dhs-dss.ch/de/articles/001321/.

Metzger, Thomas: Antisemitismus in der Stadt St. Gallen 1918–1939. Freiburg (CH) 2006.

Metzger, Thomas: Antisemitismus im Deutschschweizer Protestantismus 1870–1950. Berlin 2017.

Minelli, Michèle: Die Verlorene. Aufbau Verlag Berlin 2015.

Reeb, Claudia: «Für mehr Bekommlichkeit, Luft und Licht» — Erker im Bodenseegebiet. Inventar der auskragenden Fassadenanbauten im profanen städtischen Umfeld von den Anfängen im 15. Jahrhundert bis zum Beginn des Jugendstils mit besonderem Fokus auf die motivischen Charakteristika der bauplastischen Ausprägung (bei Adriano Boschetti).

Dissertation am Kunsthistorischen Institut der Universität Zürich von 2017.

Ringeisen, Willy: Der Bau der Haggenbrücke. 1936-1937. St. Gallen 2010.
Stadelmann Werner, St. Galler Brücken. Ein Inventar der Brücken auf dem Gemeindegebiet der Stadt St. Gallen, St. Gallen 1987.

Studer, Daniel: Der Bildhauer August Bösch – Ein Deutschrömer Künstler aus dem Toggenburg, erstmals publiziert in: Toggenburger Jahrbuch 2004, Wattwil 2003–2004 auch als eigenständige Publikation im Verlag des Historischen und Völkerkundemuseums St. Gallen erschienen.

Surber, Kaspar: Mittelholzer Walter Revisited. Aus dem Fotoarchiv von Walter Mittelholzer, hrsg. v. Michael Gasser und Nicole Graf, (Bilderwelten. Fotografien aus dem Bildarchiv der ETH-Bibliothek, Bd. 6), Zürich 2017.

Haftungsausschluss

Trotz intensiven Austauschs mit unseren Gesprächspartnern, gewissenhafter Literaturrecherche und aufmerksamem Korrekturlesen erheben wir weder einen Anspruch auf Vollständigkeit noch auf Fehlerlosigkeit. Wir haben streng darauf geachtet, keine Urheberrechte zu verletzen, unsere Recherchen sind nach bestem Wissen und Gewissen erfolgt. Dennoch übernehmen wir keinerlei Gewähr für die Aktualität, Korrektheit oder Vollständigkeit der bereitgestellten Informationen. Haftungsansprüche gegen uns schliessen wir grundsätzlich aus.